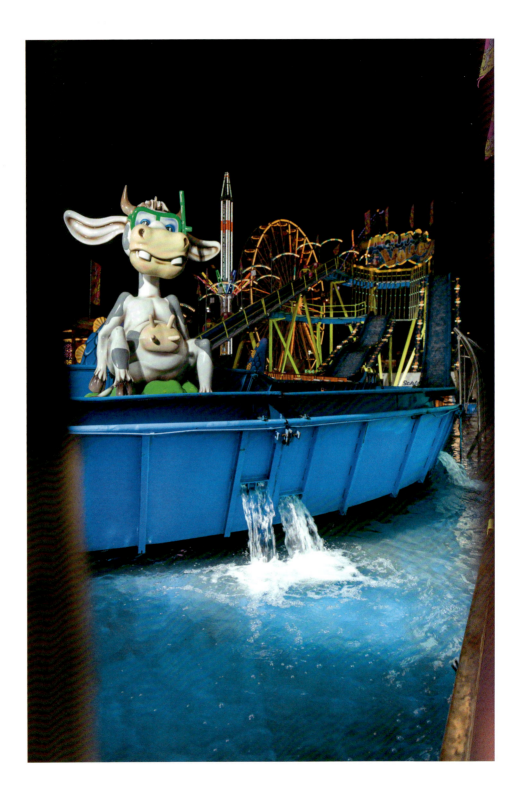

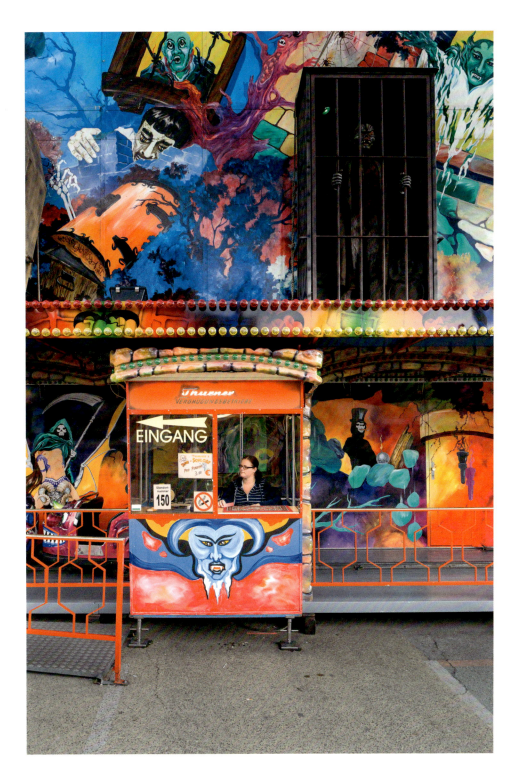

URFAHRANER MARKT
200 Jahre Linzer Lustbarkeiten

Herausgeber: NORDICO Stadtmuseum Linz
Verlag Anton Pustet

Inhalt

1		Norbert Artner – **URFAHRANER MARKT**
12		Andrea Bina – **VORWORT** Bratwürstel, Riesenrad und China-Gold.
		Kommen Sie, steigen Sie ein! Zögern Sie nicht! Gleich geht's los!
17		**VOM HANDEL ZUM VERGNÜGEN**
57		Maria Altrichter – **Vom Handel zum Vergnügen.**
		Der Wandel des Urfahraner Marktes seit seiner Entstehung
69		**MIT DEM „SCHIASSBUDINGER" Z'SAMM**
77		Arabelle Bernecker – **Mit dem „Schiaßbudinger" z'samm.**
		Schausteller und Fieranten: Lieben und Leben am Urfahraner Markt
88		Georg Thiel – **Menschenschau.**
89		**MENSCHENSCHAU**
94		**JUBELTRUBEL**
97		Georg Thiel – **Jubeltrubel.**
109		**„DRUM SAN MA LANDSLEUT, LINZERISCHE BUAMA!"**
117		Elisabeth Nowak-Thaller – **„Drum san ma Landsleut, Linzerische Buama!"**
		Die Linzer Buam – eine Erfolgsgeschichte vom Urfahraner Markt
125		**KALEIDOSKOP DER LUSTBARKEITEN**
141		Andrea Bina, Georg Thiel – **Kaleidoskop der Lustbarkeiten.**
		Stichwörter zum Urfahraner Markt
159		Literaturverzeichnis
162		Abbildungsnachweis
163		Impressum
165		Norbert Artner – **URFAHRANER MARKT**

Verkehrskindergarten am Urfahraner Markt, 1972, Filmstills, Archiv Anton Bina.

VORWORT
Bratwürstel, Riesenrad und China-Gold.
Kommen Sie, steigen Sie ein! Zögern Sie nicht! Gleich geht's los!
Andrea Bina

Der Urfahraner Markt ist der größte und zugleich älteste Jahrmarkt Österreichs. Heuer, 2017, gilt es, sein 200-jähriges Jubiläum zu feiern.

Seit 1902 befindet sich das Jahrmarktgelände auf der Urfahraner Donaulände entlang der Ars-Electronica-Straße zwischen dem Friedhof Urfahr und der Donau[1]. Der Traditionsmarkt findet jeweils neun Tage im Frühjahr und neun Tage im Herbst statt. Durch die Aufteilung in die Bereiche Kulinarik, Fahrgeschäfte und Messe sowie den freien Zugang zum Markt ist eine solide Basis für unterschiedlich motivierte Besuche jeder Altersgruppe und jeder Gesellschaftsschicht gewährleistet. Verlockende Spezialangebote für Familien und Senioren mit Veranstaltungen wie etwa Tanz, Tombola und vergünstigten Fahrpreisen unterstützen diese Programmatik.

Für die meisten Linzer stellt ein Besuch des Urfahraner Marktes einen Fixpunkt des Jahres dar. Die Statistik weist über die Jahre eine konstante und kontinuierliche Besucherzahl von ungefähr einer halben Million aus.[2] Die Besucher kommen vorwiegend aus Linz und seinem Zentralraum, dem Mühlviertel und aus Niederösterreich.

Unterschiedliche Wertigkeiten innerhalb eines Lebenszyklus sind mit dem Jahrmarkt verbunden. Der Urfahraner Markt war auch Bestandteil meiner Linzer Kindheit und Jugend: Waren bereits meine Eltern mit meiner Schwester und mir regelmäßige Gäste des Jahrmarktes, so führte ich diese Tradition mit meiner Tochter gerne fort. Im Teenageralter wechseln die Kinder aber dann naturgemäß ihre Begleiter.

Wundersame und außergewöhnliche Produkte wurden am Freigelände von Marktfieranten[3] oder in der Messehalle des Marktes angeboten. So etwa schwor Tante Olga auf das einzigartige und vielseitig verwendbare Kräuter-Öl namens China-Gold, Onkel Franz auf die unersetzliche Autopolierpaste für seinen knallroten R4, den er liebevoll „Schnauferl" nannte, und Großmutter Johanna auf Burgl's Suppenwürze, unverzichtbar in der schmackhaften Hausmannskost. Diese überaus notwendigen Käufe – schließlich wurde dabei die gesamte Familie bedacht – legitimierten und rechtfertigten somit den halbjährlichen Jahrmarktsbesuch, bei dem man schließlich nicht nur schauen, sondern sich auch etwas Amüsement verschaffen konnte. Solche biografischen Skizzen finden sich in vielen Linzer Familien wieder. Glücksmomente verbunden mit positiv besetzten Kindheitserinnerungen werden dabei wachgerufen.

---

1 Die unterschiedlichen Veranstaltungsorte des Jahrmarktes werden im folgenden Beitrag im Buch thematisiert: Altrichter, Maria: „Vom Handel zum Vergnügen. Der Wandel des Urfahraner Marktes seit seiner Entstehung."
2 Die Zahlen entstammen den Aufzeichnungen der Abteilung Wirtschaft und Finanzen/Magistrat Linz. Vgl. Kaleidoskop, Andrea Bina, Georg Thiel.
3 Der heute selten verwendete Begriff „Marktfieranten" bezeichnet die Berufsgruppe der Marktbeschicker.

Der Urfahraner Markt war einerseits Ort herrlicher Köstlichkeiten wie Zuckerwatte, Schaumbecher oder Schweinsbratwürstel vom Holzkohlengrill mit Sauerkraut, aber auch andererseits der Ort für attraktiven Zeitvertreib. Fahrgeschäfte üben schon früh großen Reiz aus: Vom Kinderkarussell, der Geisterbahn, der Schiffsschaukel, dem Autodrom und dem Riesenrad war es dann nicht weit hin zu Tagada, Crazy Mouse oder Sky Flyer. Mein erstes Scheitern und das Ende meiner Illusion am Urfahraner Markt fand beim Fahrgeschäft des Verkehrskindergartens im zarten Alter von fünf Jahren statt: Als ich meinen ganzen Mut für eine radikale Gegenlenkung zusammennahm, musste ich plötzlich und völlig unerwartet das Ende der Scheinwelt zur Kenntnis nehmen: Die vorprogrammierte Steuerung der Automobile war in meinen Augen eine ungeheuerliche Manipulation.

DANK

Ich danke den Autoren herzlich für ihre Beiträge, die somit unterschiedliche Zugänge und Sichtweisen zum Thema ermöglichen. Ein wahres Kaleidoskop des Marktes ist dabei entstanden: Maria Altrichter hat die historische Entstehung des Urfahraner Marktes recherchiert. Georg Thiel nähert sich dem Markt aus einem literarischen Blickwinkel. „Jubeltrubel" nennt er seinen Text, der ihn als Linz-Freund mit ironischem Blick von außen ausweist. Arabelle Bernecker forschte zum Thema der Schausteller. Elisabeth Nowak-Thaller befasste sich mit dem Blas- und Schauorchester der „Linzer Buam". Diese Musikerformation war mit ihren legendären Auftritten im Zelt des Festwirts Hans-Lothar Hofstetter jahrzehntelang ein wichtiges Markenzeichen des Urfahraner Marktes und ist besonders der älteren Generation noch bestens bekannt. Einige Stichwörter zum Urfahraner Markt, ein textliches „Kaleidoskop der Lustbarkeiten", ergänzen und runden gleichermaßen die Beiträge ab.

Herzlicher Dank gebührt allen, die die Ausstellung und das Buch ermöglicht und daran mitgearbeitet haben. Mein großer Dank gilt dem Gastkurator und Historiker Georg Thiel sowie der kuratorischen Assistenz Veronika Barnaš; sie betreute auch die Buchredaktion. Gemeinsam näherten wir uns dem bis dato unbekannten Genre der Schausteller und Marktfieranten an. Unzählige Besuche auf dem Frühjahrs- und Herbstmarkt 2016 waren dafür erforderlich. Oftmals waren wir als Gruppe gemeinsam mit Norbert Artner (Fotokamera) und Claudia Dworschak (Filmkamera) unterwegs

VORWORT Bratwürstel, Riesenrad und China-Gold.

und in den Wohnwägen einiger Schausteller zu Gast. Zahlreiche Gespräche wurden vor Ort geführt, spannende Interviews und Filmporträts sind dabei entstanden. Hiermit sei Stadträtin Susanne Wegscheider und das gesamte Organisations-Team Urfahraner Markt der Abteilung Wirtschaft und Finanzen am Linzer Magistrat (Leitung Anke Merkel-Rachbauer, Manuela Damm) für ihre Hilfe und das große Entgegenkommen gedankt. Für die Gestaltung der Ausstellung zeichnen ANY:TIME Architekten verantwortlich. Jürgen Haller und Christoph Weidinger entwickelten gerade bei diesem Ausstellungsthema wunderbare, kreative Ideen. Es ist mir eine große Freude, sie dafür gewonnen zu haben. Norbert Artner setzte in bewährter Form die grafische Umsetzung und ebenso Anja Zachhuber das Lektorat dieses Buches um. Die Reproduktionen stammen von Thomas Hackl. Ich danke dem Verlag Anton Pustet für die gute, jahrelange Zusammenarbeit.

Die Sammlung des NORDICO Stadtmuseum verfügt über einige künstlerische Arbeiten zum Thema – etwa von Künstlern wie Franz Glaubacker, Karl Hayd, Peter Huemer, Hans Keplinger, Peter Kubovsky oder Fritz Störk. In der Sammlung Fotografie finden sich historische Ansichten, Konvolute von Hans Wöhrl und Wolfgang Muthspiel dokumentieren die 1960er-Jahre. Eine Serie von zeitgenössischen Schwarz-Weiß-Fotografien aus dem Jahr 2000 stammt von Erwin Rachbauer. Da sich in der NORDICO Sammlung keine Objekte wie Automaten oder Utensilien von Fahrgeschäften befinden, bedanke ich mich herzlich für die Unterstützung der Schausteller-Familien Avi, Raab, Schlader und Straßmeier. Wir konnten uns damit ein Stück Urfahraner Markt ins Museum holen. Exponate aus dem Österreichischen Circus- und Clownmuseum in Wien wurden uns durch Zauberkünstler und Direktor Robert Kaldy-Karo ermöglicht. Ich danke für die Leihgaben aus dem OÖ Landesmuseum, dem Kunsthandel Widder, Peter Köhler für die Fotos aus der Sammlung Beschek, den Fotoarchiven der OÖ Nachrichten, der Kronen Zeitung und der Messe Linz, den vielen privat zur Verfügung gestellten Fotografien sowie Peter Christl für die Unterlagen zum Thema Tierschau und Zirkus.

Mein Dank gilt ganz besonders den Mitarbeitern der Museen der Stadt Linz.

Andrea Bina
Leitung NORDICO Stadtmuseum Linz

Thomas Ender, **Linz vom Auberg**, 1825–1850, Aquarell auf Papier, 21,2 x 37,7 cm, NORDICO Stadtmuseum Linz/T 3.065.

Josef Hickel zugeschrieben, **Kaiser Franz II. /I.**, um 1792, Öl auf Leinwand, ca. 170 x 130 cm, Leihgabe Privat.

Marktfreiungszeichen von Urfahr, ca. 1817, Holz, 78 x 54 x 14,5 cm, NORDICO Stadtmuseum Linz/P 859.

Markterhebungsurkunde, 1817, Pergament, 46 x 72 cm, Stadtarchiv Linz.
Aus: Kuttenberg, Arthur (Hrsg.): Der Urfahraner Markt, Tradition und Gegenwart. 1987.

1 Johann Maria Monsorno, **Blick auf Linz von Urfahr**, ca. 1830, Aquarell und Feder auf Papier, 40,7 x 29 cm, NORDICO Stadtmuseum Linz/T 15.216.

2 **Marktbetrieb Ottensheimerstraße**, 1906, Fotografie, NORDICO Stadtmuseum Linz/NA-045592.

3 **Rudolfplatz um 1906**, Fotografie, NORDICO Stadtmuseum Linz/NA-051002.

4 **Urfahraner Markt**, 2000, Fotografie, Messe Linz.

Plan: Magistrat Linz a. D., **Linz an der Donau**, 1910, Papier auf Leinen, 68,8 x 85,6 cm, Archiv der Stadt Linz – Plansammlung.

Von 1818 bis 1860 fand der Urfahraner Markt auf dem heute verschwundenen „Platzl" (1) am Brückenkopf Urfahr statt. Danach folgten als fixe Standorte die Ottensheimer Straße (2), ab 1861 der Rudolfplatz (heute Bernaschekplatz (3)) und ab 1902 das heutige Ausstellungsgebiet an der Donaulände (4).

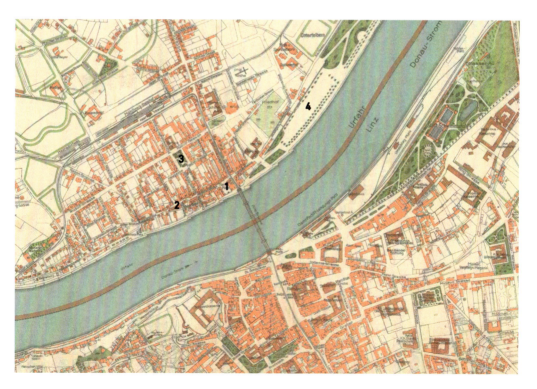

Vinzenz Reim, **Urfahr mit Pöstlingberg vom Linzer Brückenkopf**, 1837, Lithografie aquarelliert, auf Papier, 40 x 30 cm, NORDICO Stadtmuseum Linz/T 14.045.

Fahrgeschäft der Familie Blasius Schlader um 1906, Fotografie, Archiv Elsa Schlader.

Sepp Beyer, **Linz a. d. Donau – Urfahr-Markt**, ca. 1910, Ansichtskarte, Sammlung Thomas Hackl.

L. Kürner, **Volksfest i. Urfahr**, 1912, Ansichtskarte, Sammlung Thomas Hackl.

Urfahraner Jahrmarkt, BIOSKOP, um 1910, Fotografie, Stadtmuseum München/NORDICO Stadtmuseum Linz/Neg. 4094. Die Entwickler des Projektionsautomaten „Bioskop", die Berliner Brüder Max und Emil Skladanowsky, projizierten 1895 erstmals kurze Filmsequenzen vor einem zahlenden Publikum. Mit dieser Pionierleistung schrieben sie Filmgeschichte.

Sepp Beyer, **Urfahr-Linz a.D. – Volksfest**, 1914, Ansichtskarte, Sammlung Thomas Hackl.

Dr. Franz Maritschnig, **Urfahraner Jahrmarkt**, 1915, Fotografie, NORDICO Stadtmuseum Linz/NA-049714.

L. Kürner, **Urfahraner Jahrmarkt**, um 1910, Fotografie, NORDICO Stadtmuseum Linz/NA-058592.

Urfahrer Jahrmarktgelände, um 1928, Fotografie, Archiv Elsa Schlader.
Markiert ist das Fahrgeschäft der Eltern von Elsa Schlader hinter dem Pferdekarussell der Familie Sonnberger.

Jahrmarkt in Urfahr, 1930, Fotografie, NORDICO Stadtmuseum Linz/Neg.Nr.Fst.3145.

Urfahraner Frühjahrsmarkt, 1933, Fotografie, Archiv Elsa Schlader.
Das Riesenrad wurde „Der Russ" genannt und gehörte der Schausteller-Familie Pollhammer.

Karl Scheuringer mit seinem Großvater am Urfahraner Markt, 1924,
Fotografie, Leihgabe Privat.

"Straßenbahnfahrt" auf dem Urfahraner Markt, 1936–1939, Fotografie, Sammlung Beschek/© Verlag Köhler.

Urfahraner Markt, etwa 1940, Fotografie, Sammlung Beschek/© Verlag Köhler.

Urfahraner Markt, etwa 1940, Fotografie, Sammlung Beschek/© Verlag Köhler.

Kinderarbeit auf dem Urfahraner Markt, 1920–1940, Fotografie, Sammlung Beschek/© Verlag Köhler.

Robert Stenzel, **Kettenflieger**, 1940, Fotografie, Archiv der Stadt Linz.

Urfahraner Markt, 1940/41, Fotografie, Archiv Elsa Schlader.
Links ist das älteste Fahrgeschäft der Schausteller-Familie Rieger, „Die Raketenbahn", zu sehen.

Hexenkutsche, 1930er-Jahre, Fotografie, Archiv der Abteilung Wirtschaft und Finanzen, Magistrat Linz (vormals Marktamt).

Hans Wöhrl, **Urfahraner Markt**, 1954, Fotografie,
NORDICO Stadtmuseum Linz/Neg. Nr. 1012.
Rechts im Bild der „Sturmsegler" der Schausteller-Familie Deisenhammer.
Heute ist er einmal im Jahr am Ruperti-Kirtag in Salzburg in Betrieb.

Russische Brückenkontrolle, nach 1945,
Fotografie, NORDICO Stadtmuseum Linz/NA-056838.

Gustav Schwarz, **Fahrt ins Blaue**, 1951,
Fotografie, NORDICO Stadtmuseum Linz/NA-058700.

Kurt Römer, **Urfahraner Herbstmarkt**, 1958,
Fotografie, Oberösterreichische Nachrichten.

Franz Michalek, **Urfahraner Frühjahrsmarkt**, 1956, Fotografie, NORDICO Stadtmuseum/NA-033187.

Karl Hayd, **Urfahraner Jahrmarkt**, ca. 1930, Öl auf Leinwand, 65 x 69 cm, NORDICO Stadtmuseum Linz/G 11.105.

Hans Wöhrl, **Urfahraner Markt**, 1954, Fotografie, NORDICO Stadtmuseum Linz/F.Nr. 1012.

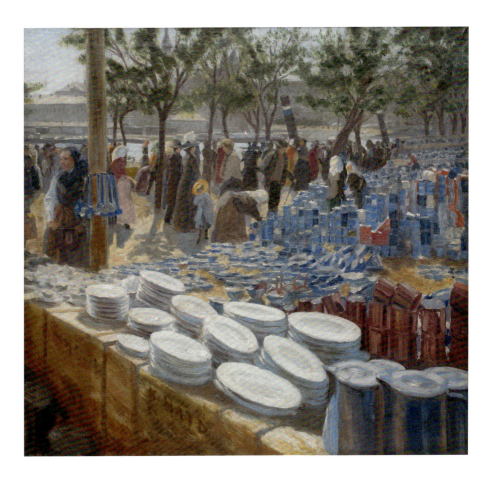

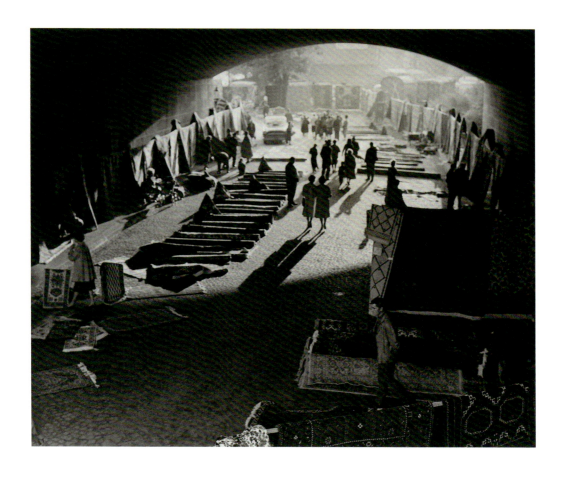

Hans Wöhrl, **Teppichverkäufer am Urfahraner Jahrmarkt**, 1962,
Fotografie, NORDICO Stadtmuseum Linz/NA-035529.

Oskar Prokosch, **Ausstellungshalle Urfahraner Markt**, 1964,
Fotografie, Messe Linz.

Glück ohne Pause, 1969, Fotografie, Oberösterreichische Nachrichten.
Die beliebte Tombola fand mit Unterbrechungen von den 1950er- bis in die 1990er-Jahre statt.
1964 kostete ein Los drei Schilling, 1969 bereits fünf Schilling. Die Haupttreffer waren ein
Steyr-Puch-Auto, eine Waschmaschine, eine Schlafzimmer-Einrichtung, ein Fernseher,
ein Elektroherd, eine Schreibmaschine und zwei Staubsauger.

Alfred Harrer, **Ausstellungshalle**, 1963, Fotografie, Messe Linz.

Oskar Prokosch, **Bürgermeister Ernst Koref bei der Eröffnung des Urfahraner Herbstmarktes**, 1956, Fotografie, Messe Linz.

1–6: Kurt Römer, **Gemeinschaftsausstellung der Linzer Kaufleute**, Urfahraner Herbstmarkt, 1955, Fotografien, Messe Linz.

Oskar Prokosch, **Bürgermeister Ernst Koref bei der Eröffnung des Urfahraner Herbstmarktes**, 1961, Messe Linz.

Bierzelt am Urfahraner Markt, 1950er-Jahre, Fotografie, Archiv Hans-Lothar Hofstetter.

Magdalena Gruber, **Der „erste" Schankbursche Josef**, 1949, Fotografie, Archiv Hans-Lothar Hofstetter.

Bierzelt am Urfahraner Markt, um 1950, Fotografie, Archiv Hans-Lothar Hofstetter.

Oskar Prokosch, 140 Jahre Urfahraner Markt, 1957, Fotografie, Archiv Hans-Lothar Hofstetter.

Magdalena Gruber, Erste Hendlbraterei von Hans Hofstetter, um 1950, Fotografie, Archiv Hans-Lothar Hofstetter.

Café-Zelt der Familie Hofstetter, 1955–1965, Fotografie, Archiv Hans-Lothar Hofstetter. Das Café-Zelt befand sich am Standort des vormaligen Weinzelts beziehungsweise des späteren „Schmankerl Treffs" und der heutigen „Edelweiß-Alm".

Kurt Römer, **Urfahraner Frühjahrsmarkt**, 1965, Fotografie, Oberösterreichische Nachrichten.

Oskar Prokosch, **Likörstand am Urfahraner Markt**, 1962, Fotografie, Messe Linz.

Urfahraner Markt, 1962, Fotografie, Messe Linz.

Luftballon-Verkäuferin, um 1960, Fotografie, Archiv der Stadt Linz.

Zuckerwatte-Verkäufer, um 1960, Fotografie, Archiv der Stadt Linz.

Autodrom der Schausteller-Familie Straßmeier, 1960er-Jahre, Fotografie, Archiv Karlheinz Straßmeier.

Urfahraner Markt zwischen 1985 und 1989, Fotografie, Oberösterreichische Nachrichten.

Waldemar Wassermann, **Urfahraner Markt**, 1994, Fotografie, Oberösterreichische Nachrichten.

Urfahraner Markt, 1981, Fotografie, Oberösterreichische Nachrichten.

Extreme, Fahrgeschäft der Schausteller-Familie Rieger, 1990er-Jahre, Fotografie, Ausschnitt, Kronen Zeitung.
Magic Dreamland, Attraktion der Schausteller-Familie Grims-Wiesbauer, 1994, Fotografie, Ausschnitt, Kronen Zeitung.
Messehalle, 1990er-Jahre, Fotografie, Kronen Zeitung.

Waldemar Wassermann, **Urfahraner Markt**, 2006, Fotografie, Oberösterreichische Nachrichten.

Horst Einöder, **Urfahraner Markt**, 2011, Fotografie, Kronen Zeitung.

Walter Mühlböck, „**Da Wirt 4s Fest**", 2013, Fotografie, Kronen Zeitung.

Waldemar Wassermann, **Urfahraner Markt**, 2011, Fotografie, Oberösterreichische Nachrichten.

Vom Handel zum Vergnügen.
Der Wandel des Urfahraner Marktes seit seiner Entstehung
Maria Altrichter

DIE ENTWICKLUNG DER URFAHRER MÄRKTE BIS ZUM ERSTEN WELTKRIEG

Seit vielen Jahren ist der Urfahraner Markt[1] (oder genauer „die Urfahraner Märkte", da es jährlich einen im Frühjahr sowie einen im Herbst gibt) eine Institution, die aus dem Linzer Veranstaltungskalender nicht mehr wegzudenken ist. Wir assoziieren damit heute in erster Linie Vergnügungen wie Geisterbahn, Riesenrad oder Tagada, dazu Kulinarisches von Langos bis Zuckerwatte. Doch viele Jahre waren die Urfahrer Jahrmärkte keine Vergnügungs-, sondern Verkaufsveranstaltungen, die von großer wirtschaftlicher Bedeutung waren. Zwar gibt es auch heute durchaus noch große Verkaufsflächen in den Zelten des Marktes, die Hauptattraktion für viele Besucher bleibt aber die Unterhaltungssparte.

Durch seine verkehrstechnisch besonders günstige Lage – einerseits an einem wichtigen Handelsweg auf der Donau, andererseits als Ausgangspunkt zweier frequentierter Routen Richtung Norden (über den Haselgraben bzw. der Fernweg nach Freistadt und weiter nach Böhmen) – wurde dieser kleine Ort schon früh von Reisenden aller Art passiert. Vor allem der Anziehungspunkt Linz machte schon bald eine Überfahrt oder Furt über die Donau notwendig, wodurch Urfahr auch zu seinem Namen kam.[2]

Erstmals urkundlich erwähnt wurde Urfahr 1288. Die schriftlichen Belege für eine Ansiedlung am Nordufer der Donau mehrten sich in den kommenden Jahrhunderten in dem Maß, in dem auch die wirtschaftliche Konkurrenz zwischen Linz und dem wachsenden Ort Urfahr zunahm. So entstanden schon früh Streitigkeiten über Fischereirechte sowie Beschwerden der Linzer über die unrechtmäßige Ausschank von Wein in Urfahr. Da starke landesfürstliche Interessen hinter dem wirtschaftlichen Erfolg von Linz standen, waren es durchwegs die Urfahrer, die bei solchen Konflikten den Kürzeren zogen. Nicht zuletzt der Bau der Donaubrücke mit gleichzeitiger Einhebung der Brückenmaut bei den Urfahrern war ein herber Rückschlag. Dennoch versuchte die Bevölkerung von Urfahr über viele Jahrhunderte hinweg, Privilegien zugunsten eines aufblühenden Handels zu bekommen, wie beispielsweise die Erhebung zu einem Markt. Erst am 16. Dezember 1808 gelang es den Urfahrern, dieses Privileg gewährt zu bekommen, mit der Begründung, Urfahr sei in seiner Funktion bereits ein Vorort von Linz geworden.[3]

---

1 In folgendem Beitrag werden verschiedene Begriffe für die Urfahrer Jahrmärkte wie Urfahrer Märkte, Urfahraner Märkte, Urfahraner Jahrmärkte verwendet. Die Bedeutung der Begriffe ist dieselbe.
2 Ziegler, Anton: Rückblick auf die Geschichte der Stadt Urfahr a. D. Linz 1920, S. 18.
3 Rausch, Wilhelm: Urfahr und seine beiden Jahrmärkte. Zur 140. Wiederkehr der Verleihung des Jahrmarktsprivilegs. In: Festschrift 140 Jahre Urfahrer Jahrmarkt. Linz 1957, S. 12f.

S. 18

S. 19

Obwohl Urfahr mit seiner Markterhebung einen entscheidenden Schritt zur wirtschaftlichen Unabhängigkeit von Linz gemacht hatte, waren es doch ökonomisch problematische Zeiten, in denen aus dem alltäglichen Handel alleine keine großen Profite hervorgingen. Es dürfte sich auch bei der Erhebung zum Markt nur mehr um die Anerkennung eines bereits bestehenden Ist-Zustandes gehandelt haben, nicht aber um eine wirkliche Neuerung. Als sich mit dem Ende der Napoleonischen Kriege 1815 die gesamteuropäische politische Lage wieder gebessert hatte und somit auch die Voraussetzungen für eine ökonomische Beruhigung gegeben waren, bemühten sich die Urfahrer Gemeindevertreter um die Erlaubnis, Jahrmärkte abhalten zu dürfen.[4]

Nach hartnäckigen Bitten der Gemeindevertretung bestätigte Kaiser Franz I. am 20. März 1817 Urfahr das Privileg, zweimal im Jahr einen zwei Tage dauernden Jahrmarkt abhalten zu dürfen und zwar einen Frühjahrsmarkt (am ersten Sonntag nach Pfingsten) sowie einen Herbstmarkt (am Martinitag[5]). Diese Daten sollten sich jedoch im Lauf des Bestehens der Jahrmärkte noch öfter verändern. Die Einführung der Jahrmärkte bedeutete auch für die bisherigen Linzer Märkte mit überregionalem Angebot eine nicht zu unterschätzende Konkurrenz und schaffte es letztendlich, diese jahrhundertealte Institution bei Weitem zu überleben.[6]

Der erste belegte Jahrmarkt fand bereits im Mai 1818 statt und war so erfolgreich, dass die Höhe des Gewinnes erst 1844 wieder erreicht werden konnte. Der Martinimarkt konnte keineswegs mit diesem Erfolg mithalten. Für die ersten drei Jahre ist belegt, dass der Pfingstmarkt die gewinnbringendere Veranstaltung für den Markt Urfahr war. 1821 wendete sich das Blatt und der Herbstmarkt blieb für lange Zeit mit zwei- bis dreimal so hohen Einnahmen der besser besuchte Markt.[7]

Möglicherweise lag das Nachsehen des Frühlingsmarktes an dem relativ spät gelegenen und dazu noch beweglichen Veranstaltungsdatum. Dafür sprechen die oftmaligen Änderungen desselben im Laufe des 19. Jahrhunderts (letzte Änderung 1906). Ganze fünf Mal veränderte man den Abhaltungszeitpunkt, wobei man letzten Endes wieder ein bewegliches Datum (zweiter Sonntag nach Ostern) wählte. Dem

Josef Hickel zugeschrieben, **Kaiser Franz II. /I.**, um 1792, Öl auf Leinwand, ca. 170 x 130 cm, Leihgabe Privat.
Marktfreiungszeichen von Urfahr, ca. 1817, Holz, 78 x 54 x 14,5 cm, NORDICO Stadtmuseum Linz/P 859.

4   Ebd. S. 14.
5   11. November.
6   Frenzel, Hans: Der Urfahrer Markt. In: Historisches Jahrbuch der Stadt Linz (Linz 1937), S. 71f.
7   Rausch: Urfahr und seine beiden Jahrmärkte, S. 14.

gegenüber wurde das Datum des Herbstmarktes nur ein einziges Mal verlegt (statt dem Martinstag wurde der Michaelistag gewählt).[8]

Vor allem in der Zeit bis zur Mitte des 19. Jahrhunderts erwiesen sich die beiden Jahrmärkte als äußerst lukrative Unternehmungen. Im Jahr 1822 betrug der Anteil der Einnahmen aus den Jahrmärkten ein Achtel der Gesamtjahreseinnahmen des Marktgerichts. Dabei war diese Zeit nicht die wirtschaftlich erfolgreichste der Märkte. Die Blütezeit waren die Jahre 1844 bis 1847. Sowohl die Einnahmen als auch die Bedeutung der Märkte wurde weder davor noch danach wieder erreicht. Nach dem Höhepunkt folgte aber gleich ein Tiefpunkt im Jahr 1848, was möglicherweise den politischen Wirren dieser Zeit geschuldet war. Aber auch die Bedeutung der Märkte als solches schwand zusehends und konnte sich danach lange Zeit nicht erholen.[9]

S. 20

Es war nicht nur das Datum, das sich im Lauf der Zeit mehrmals änderte, sondern auch der Ort der Veranstaltung wechselte. In den Anfangsjahren wurden die Jahrmärkte auf dem Marktplatz, auch „Platzl" genannt, abgehalten. Dies war der zentrale Platz des Marktes Urfahr auf den sowohl die Brücke als auch die Route aus Freistadt und Budweis mündeten. Damit lagen die Märkte direkt an einer wichtigen Nord-Süd-Verkehrsverbindung. Da sie sich mit der Zeit stark vergrößerten, verlegte man den Ort des Geschehens zunächst auf die Ottensheimer Straße und danach, 1861, auf den Rudolfplatz (heute Bernaschekplatz) und die Rudolfstraße. Als schließlich Anfang des 20. Jahrhunderts auch dieses Terrain zu klein wurde und die Märkte bereits die umliegenden Straßen und Gassen erobert hatten, verlegte man sie 1902 an den noch heute dafür genutzten Bereich an der Urfahrer Donaulände.[10]

S. 23

Zu dieser Zeit erfreuten sich die Märkte wieder großer Beliebtheit, nicht zuletzt dadurch, dass ab 1892 die Konkurrenz durch die Linzer Märkte mit deren Sistierung verschwunden war. Die Besucherströme verlagerten sich nach Urfahr und so ist es nicht verwunderlich, dass die Gemeindevertretung bereits 1894 um Verlängerung der Jahrmarktzeit ansuchte. Dadurch gelang es die Dauer der Jahrmärkte von zwei auf

Johann Maria Monsorno, **Blick auf Linz von Urfahr**, ca. 1830, Aquarell und Feder auf Papier, 40,9 x 29 cm, NORDICO Stadtmuseum Linz/T 15.216.
Sepp Beyer, **Linz a. d. Donau - Urfahr Markt**, ca. 1910, Ansichtskarte, Sammlung Thomas Hackl.

8   29. September; Frenzel, Urfahrer Markt, S. 72.
9   Rausch: Urfahr und seine Jahrmärkte, S. 14f.
10 Frenzel: Urfahrer Markt, S. 72f.

S. 27

S. 26

acht Tage zu erweitern. Der anhaltende wirtschaftliche Erfolg in den ersten Jahren nach der Jahrhundertwende zeigte sich schon 1906 durch die Beschwerden über akuten Platzmangel auf dem neuen Veranstaltungsgelände. Die Gemeindevertretung wollte jedoch keine Erweiterung des Geländes mehr zulassen.[11]

Die Jahrmärkte wirtschafteten damals durchaus erfolgreich, dennoch wurde nach und nach ein Abgleiten in Richtung Vergnügungsveranstaltung spürbar. Längst stellten keine großen Firmen mehr ihre Waren aus. Das Gros der Aussteller waren Marktfieranten und kleine Gewerbetreibende aus der Umgebung. Dieser Wandel brachte auch ein anderes Zielpublikum in den Fokus. Die Besucher kamen nun vielfach aus den umliegenden Gemeinden und suchten eher das Volksfest als den Markt selbst auf. Es erstaunt daher nicht, dass schon im Jahr 1905 ein Ansuchen um Aufstellung einer Bierhütte bei der Gemeinde einging. Einige Jahre wehrte man sich seitens der Verwaltung dagegen und brachte als Argument mangelnde Beleuchtung und Kanalisation vor. Da man die Frage der Beleuchtung aber bereits 1911 in Angriff nahm, erteilte die Gemeindevertretung noch im selben Jahr dem Gastwirt Karl Traunmüller die Erlaubnis, eine Bierhütte aufstellen zu dürfen.[12]

VOM MARKT ZUR DULT. DIE JAHRMÄRKTE IN DER ZEIT VOM ERSTEN ZUM ZWEITEN WELTKRIEG

Schon vor Ausbruch des Ersten Weltkrieges war es den Gemeindevertretern von Urfahr nicht gelungen, das Abdriften der Urfahrer Jahrmärkte zu bloßen Volksfesten ohne nennenswerten Handelscharakter aufzuhalten. Trotz vieler Bemühungen, eine Aufwertung herbeizuführen (etwa durch die Ausstellung von landwirtschaftlichen Maschinen) war kein Erfolg in Sicht. Mit Beginn des Ersten Weltkrieges beschleunigte sich die Entwicklung nur noch. Kriegsbedingt kam es zu einer Warenverknappung, wodurch der Handel nur noch mit Mühe aufrechterhalten werden konnte. Gleichzeitig waren die in Linz stationierten Truppen auf der Suche nach Vergnügungen und so kam es bereits 1916 zu Beschwerden über die zunehmende Prostitution („Dirnenwesen")

L. Kürner, **Urfahraner Jahrmarkt**, um 1910, Fotografie, NORDICO Stadtmuseum Linz/NA-058592.
Dr. Franz Maritschnig, **Urfahraner Jahrmarkt**, 1915, Fotografie, NORDICO Stadtmuseum Linz/NA-049714.

11 Rausch: Urfahr und seine Jahrmärkte, S. 21.
12 Ebenda, S. 22; Frenzel: Urfahrer Markt, S. 73f.

Vom Handel zum Vergnügen.

auf dem Gelände der Urfahrer Jahrmärkte. Nur durch die Verlegung der Sperrstunde und zusätzliche Polizei- und Militärpräsenz konnte das Problem wieder in den Griff bekommen werden.[13] Daneben hatten auch die Marktfahrer mit immer schwierigeren Verhältnissen zu kämpfen. So war es im Jahr 1916 dem Urfahrer Bürgermeister Hinsenkamp nicht mehr möglich, genügend Bretter für die Markthütten zur Verfügung zu stellen. Abhilfe konnte nur die Unterstützung der verschiedenen Händlervereinigungen leisten.[14]

Die Jahrmärkte litten so stark unter der kriegsbedingten Knappheit, dass sie zu dieser Zeit einen bisher nicht dagewesenen Tiefstand erreichten. Aus diesem Grund erwog man im Jahr 1919 ernsthaft, die Märkte aufzugeben, da sich kein wirtschaftlicher Nutzen mehr generieren ließ. Nur dem hartnäckigen Widerstand der Marktfahrer sowie anderer interessierter Vereinigungen ist es zu verdanken, dass dieser Beschluss nicht in die Tat umgesetzt wurde. Jedoch setzte man die Sperrstunde aus Sicherheitsgründen auf 19:30 Uhr fest.[15]

S. 29

Mit der Eingemeindung Urfahrs nach Linz im Sommer 1919 kamen auch die Jahrmärkte unter Linzer Verwaltung. Um den Fortbestand der Märkte für die Zukunft zu garantieren, verpflichtete man die Stadt Linz vertraglich, künftig für deren Erhalt Sorge zu tragen. Doch die wirtschaftlichen Voraussetzungen dafür waren entgegen allen Erwartungen so schlecht, dass schon 1922 wieder Stimmen seitens der Verwaltung laut wurden, die Märkte nun endgültig einzustellen. Ihr Überdauern trotz der schlechten Wirtschaftslage, der Warenknappheit und der Armut der Bevölkerung zeigt, welcher Stellenwert ihnen beigemessen wurde. Dennoch grenzt es an Übertreibung zu dieser Zeit von Märkten im eigentlichen Sinn zu sprechen. Die Jahrmärkte in den Nachkriegsjahren ließen nur noch wenig echten Marktcharakter erkennen und widmeten sich, ganz dem Geist dieser Zeit unterworfen, hauptsächlich den verschiedensten Vergnügungen. Die „Goldenen Zwanziger Jahre" mit ihrer unbändigen Feierlust beeinflussten wohl sogar etwas so Provinzielles wie die Jahrmärkte in Urfahr. Diese Entwicklung und die Tatsache, dass es ein höchst defizitäres Geschäft war, die Jahrmärkte weiter abzuhalten, brachte deren Sistierung immer wieder ins Gespräch. Zusätzlich beklagte das Marktamt schlechte Waren, sanitäre Missstände, erhöhte Brandgefahr sowie einen allgemeinen

Karl Scheuringer mit seinem Großvater am Urfahraner Markt, 1924, Fotografie, Leihgabe Privat.

13 Rausch: Urfahr und seine Jahrmärkte, S. 23; Frenzel: Urfahrer Markt, S. 74f.
14 Rausch: ebenda, S. 23.
15 Frenzel: Urfahrer Markt, S. 75.

S. 90

schlechten moralischen Einfluss auf die Jugend (Prostitution, Diebstahl).[16]

Obwohl Behörden wie Marktamt, Polizei und das Jugendamt sich für eine Schließung der Urfahrer Jahrmärkte stark machten, räumte Bürgermeister Dametz ein, dass es aufgrund des Eingemeindungsübereinkommens nicht einfach so möglich wäre, die Märkte einzustellen. Demgegenüber machte sich die Gewerbebehörde für einen Erhalt stark und drängte sogar darauf, die Märkte in eine Messe umzuwandeln. Auch die Handels- und Gewerbekammer sowie die Genossenschaften der Gastwirte und Schuhmacher plädierten für die Weiterführung der Jahrmärkte, da man mit deren Auflösung eine Schädigung des Geschäfts befürchtete. Um in dieser Frage eine Antwort zu erhalten, wurde 1923 eine Marktstudienkommission ins Leben gerufen, die das Problem ein für alle Mal lösen sollte. Diese war damit beauftragt worden, eine Wiederbelebung der Jahrmärkte durchzuführen. Man war bestrebt, durch neue Impulse eine Modernisierung herbeizuführen und eventuell durch die Umwandlung in eine Messe für oberösterreichische Mustererzeugnisse auch neues Publikum und neue Händler anzulocken.[17]

Aller Diskussionen von öffentlicher Seite zum Trotz dürften sich die Jahrmärkte in dieser Zeit beim Publikum großer Beliebtheit erfreut haben. Dies geht zumindest aus einem Stimmungsbericht von Josef Hammer anlässlich des Herbstmarktes 1923 hervor. Dort ist die Rede von großem Interesse der Besucher, einerseits an den vielfältigen Waren, die angeboten wurden (Haushaltswaren, Kleider, Spielzeug, Gläser und Geschirr sowie Unterwäsche aller Art), andererseits auch an den verschiedenen jahrmarkttypischen Attraktionen (Stabeisenbieger, Bärenjungfrau, Flohzirkus, Ringelspiel, Schießbuden etc.). Der Andrang dürfte trotz Inflationszeit („… beste Schokolade, acht Rippen nur vier- und fünftausend Kronen – garantiert rein Milch und Kakao …") recht groß gewesen sein.[18]

Eine Kettenentfesselungs-Künstlerin am Urfahraner Markt, zwischen 1920–1940, Fotografie, Sammlung Beschek/© Verlag Köhler.
Urfahraner Jahrmarkt, um 1925, Fotografie, NORDICO Stadtmuseum Linz/NA-051003.

16 Rausch: Urfahr und seine Jahrmärkte, S. 29.
17 Rauch: Urfahr und seine Märkte, S. 30f.; Frenzel: Urfahrer Markt, S. 75.
18 Hammer, Josef: Hereinspaziert!! Der Jahrmarkt in Urfahr: Bilder und Betrachtungen. In: Linzer Tagespost, Nr. 225 vom 7. Oktober 1923, S. 5.

Dieser natürlichen Entwicklung hin zu einem stärkeren Volksfestcharakter wurde schließlich drei Jahre später Rechnung getragen. Das Jahrmarktskomitee beschloss 1926 die offizielle Umwandlung in einen Jahrmarkt mit Dult[19].

Der Impuls der offiziellen Neuorientierung dürfte auch langsam der Veranstaltung als Ganzes wieder Aufschwung verliehen haben. Aus Zeitungsberichten der 1930er-Jahre geht hervor, dass man neben dem Vergnügungspark auch den wirtschaftlichen Charakter wieder beleben konnte. So heißt es in einem Beitrag von Wilhelm Aussermann im Linzer Volksblatt vom 3. Oktober 1930: *„Die Mannigfaltigkeit des Feilgebotenen ist unübertrefflich. Tausende Töpfe, Leibchen, Taschentücher, Lebkuchenreiter und allerlei Dinge, die der Mensch braucht und nicht braucht, harren hier ihres Käufers. Sogar zwei landwirtschaftliche Maschinen."*[20]

S. 37

Auch ein Stimmungsbericht über den Frühjahrsmarkt 1934 zeichnet ein ähnliches Bild. Der Schreiber zeigt sich verblüfft von der Menge und der Vielfalt der feilgebotenen Waren, die von Federn über Bleistifte, Hausrat und Schreibwaren bis hin zu Schallplatten reichen. Auch die obligatorischen Wunderputzmittel („Schonweg") sind zu finden. Daneben gab es offenbar eine größere Anzahl an Verkäufern aus der Balkanregion. Hierbei wurden besonders die Teppichverkäufer aus Bulgarien hervorgehoben.

Die Vergnügungen dürften über die Jahre nicht besonders gewechselt haben, denn schon 1930 ist die Rede von der „Dame ohne Unterleib", die auch in der Beschreibung von 1934 wieder auftaucht. Daneben gab es Attraktionen wie die „Goldmenschen" sowie ein Wachsfigurenkabinett. Selbstverständlich waren auch diverse Karusselle, ein Riesenrad sowie einige Schießbuden und für die Kinder ein Kasperltheater zu finden.[21]

Anlässlich des bevorstehenden 120-jährigen Jubiläums widmete sich die Linzer Tagespost in einem Beitrag der bisherigen Entwicklung der Urfahrer Jahrmärkte. So wird angenommen, dass die Dult mehr als Anziehungspunkt für die städtische Bevölkerung diene, der Jahrmarkt hingegen erklärtes Ziel der herbeiströmenden Landbevölkerung sei. Es scheint jedoch, dass das „Marktgeschirr" ein begehrtes Kaufobjekt

Karl Hayd, **Urfahraner Jahrmarkt**, ca. 1930, Öl auf Leinwand, 65 x 69 cm, NORDICO Stadtmuseum Linz/G 11.105.

19 Dult: Bezeichnung aus dem süddeutschen Raum für einen Jahrmarkt mit Volksfestcharakter bzw. ein Volksfest; Rauch: Urfahr und seine Märkte, S. 31.; Frenzel, Urfahrer Markt, S. 75.
20 Zit. Aussermann, Wilhelm: Dult in Linz. In: Linzer Volksblatt, Nr. 229, vom 3.10.1930, S. 1–2.
21 Ohne Autor (Dr.-r), Urfahrs Dultfreuden… In: Linzer Tagespost, Beilage „Welt und Heimat", Nr. 15. vom 14. April 1934, S. 10.

sowohl für die Hausfrau vom Land als auch für jene aus der Stadt gewesen ist. Ferner wurde in diesem Beitrag über die Zukunft der Märkte spekuliert. Offenbar ging man davon aus, dass der Volksfest- oder Dultcharakter in den kommenden Jahren beibehalten werden würde. Es gab aber auch Ideen, die Jahrmärkte durch Ausstellungspläne neu zu beleben. Daneben schwebten diverse Umgestaltungspläne für Urfahr (Brückenneubau, Viehmarktverlegung, Errichtung eines Autobusbahnhofs, Pläne zur Ausgestaltung der Unteren Donaulände etc.) über dem Geschehen, die auch das Jahrmarktsgelände direkt betroffen hätte.[22]

S. 31

Worüber 1937 gemutmaßt wurde, mutet beinahe prophetisch an, bedenkt man die Umgestaltungspläne der Nationalsozialisten für das Jahrmarktsgelände (Gauhalle, großer Glockenturm) nur einige Jahre später. Aufgrund der dürftigen Quellenlage für die NS-Zeit kann es jedoch nur Spekulation sein, was die Verwirklichung dieser Pläne tatsächlich für das Fortbestehen der Urfahrer Jahrmärkte bedeutet hätte. Leider ist aus dieser Zeit generell kaum Informationsmaterial erhalten, das weitreichendere Aussagen über die Märkte in der NS-Zeit zulassen würde. Was zur Verfügung steht, ist, wie auch schon für die Zwischenkriegszeit, gelegentliches Zeitungsmaterial. Daraus lässt sich grob zumindest eine vorsichtige Aussage zur Lage der Märkte treffen.

Bereits für den Frühjahrsmarkt 1938, der kurz nach dem „Anschluss" Österreichs an Deutschland stattgefunden hatte, gibt es in einem Beitrag des Linzer Volksblattes deutliche Anzeichen dafür, dass die Nationalsozialisten die Urfahrer Jahrmärkte für ihre Zwecke einzusetzen gedachten. Bei der feierlichen Eröffnung des Marktes durch Bürgermeister Sepp Wolkerstorfer versprach dieser, dass die Jahrmärkte auch in Zukunft von der Stadtgemeinde gefördert würden. *„Er* [der Markt] *solle immer mehr der Beweis dafür werden, dass der Nationalsozialismus auch die Möglichkeit bietet, frohe, wahre Volksfeste zu feiern."* Auch die nationalsozialistische Einstellung zur jüdischen Bevölkerung fand auf dem Urfahraner Markt seinen Niederschlag. *„Einen Umstand werden alle Besucher mit besonderer Genugtuung begrüßen, dass nämlich heuer alle jüdischen Elemente vom Markte ausgeschlossen wurden."* Diesen Aussagen kann man unzweifelhaft entnehmen, dass das neue Regime sich schnell auch des Urfahraner Marktes bemächtigt hatte.[23] Im darauffolgenden Jahr heißt es in einem Beitrag aus

Urfahrmarkt, etwa 1940, Fotografie, Sammlung Beschek/© Verlag Köhler.

22 Ohne Autor: Jubiläumstage auf der Dultwiese. Die Urfahrer Jahrmärkte seit Franz I. In: Linzer Tagespost, Nr. 198 vom 28. August 1937, S. 5.
23 Ohne Autor: Eröffnung des Urfahrer Jahrmarktes. In: Linzer Volksblatt, Nr. 99A vom 29. April 1938, S. 2f.

der Tagespost „*Dennoch Urfahrer Markt!*". Scheinbar war das Jahrmarktgelände in diesem Frühling zu einem großen Teil mit Baumaterialien und Bauschutt bedeckt und man befürchtete, der Frühjahrsmarkt könnte nicht abgehalten werden. Der Marktamtsleiter erklärte dazu: „*Etwas wird unter allen Umständen gemacht. Höhere Erfordernisse beanspruchen einen bedeutenden Teil unseres gewohnten Marktplatzes …*". Als Ausweg versuchte das Marktamt den angrenzenden Sportplatz anzumieten, um den Markt ein Stück flussabwärts zu verlegen.[24] Grund für die Lagerung von Baumaterialien und Schutt auf dem Gelände war der bereits 1938 begonnene Bau der Nibelungenbrücke beziehungsweise der Abriss der alten Eisenbrücke.[25] An dieser Zeitungsmitteilung lässt sich jedoch gut ablesen, dass das Interesse der Obrigkeit bereits 1939 nachgelassen hatte und vor allem die Nutzung des Geländes im Vordergrund stand.

Bis 1943 dürften die Jahrmärkte mit gewohnter Regelmäßigkeit und offenbar auch mit mäßigem wirtschaftlichem Erfolg stattgefunden haben. Der Herbstmarkt 1943 war der erste Jahrmarkt seit Bestehen, der von offizieller Seite abgesagt wurde. Generell war den Märkten in den letzten Kriegsjahren kein großer Erfolg mehr beschieden. Die zunehmende Lebensmittel- und Warenknappheit, die Luftangriffe sowie die kriegsbedingte Abwesenheit vieler Männer ließen die Beschickung der Märkte stark zurückgehen. Zusätzlich verkleinerte der anwachsende Schuttberg durch den Brückenbau das Marktgelände zusehends. Im Jahr 1945 entfielen die Jahrmärkte gänzlich. Ob dies auch für das Jahr 1944 galt, ist nicht bestätigt, sondern kann nur vermutet werden kann.[26] So endete mit der Zeit des Nationalsozialismus auch vorübergehend die Zeit der Urfahrer Märkte.

DIE URFAHRER JAHRMÄRKTE VON DER NACHKRIEGSZEIT BIS ZUR GEGENWART

Als am 5. Mai 1945 die amerikanischen Truppen einmarschierten, war dies für Linz das offizielle Kriegsende. Für Urfahr verschlechterte sich jedoch die Lage schnell, nachdem mit dem Abzug der Amerikaner die russischen Soldaten die Stadt offiziell übernahmen. Durch die Einrichtung von Brückensperren an der Demarkationslinie entlang der Donau wurde Urfahr regelrecht von der Versorgung aus Linz abgeschnitten. Es fehlte an allem, doch vor allem die Lebensmittelknappheit sorgte für Probleme. Um dem entgegenzuwirken, brachte die Stadtverwaltung die Idee auf, die Urfahrer Jahrmärkte wieder zu beleben. Ein entsprechendes Gesuch an die russische Stadtkommandantur wurde positiv aufgenommen und die dahingehende Genehmigung erteilt.[27]

---

24 Ohne Autor: Dennoch Urfahrer Markt! In: Linzer Tagespost, Nr. 67 vom 22. März 1939, S. 2.
25 Linz 1945–1955. Aufbau und Leistung. In: Linz 1955, S. 202.
26 Festschrift 150 Jahre Urfahrer Jahrmarkt. Hrsg. von der Arbeitsgemeinschaft zur Förderung der Urfahrer Jahrmärkte. Linz 1967), S. 4; Linz 1945–1955. Aufbau und Leistung. Linz 1955, S. 202.
27 Schweiger, Anneliese: Die Entwicklung des Urfahraner Marktes seit 1945. In: Kuttenberg, Arthur (Hrsg.): Der Urfahraner Markt. Tradition und Gegenwart. Linz 1987, S. 34.

S. 34

Der erste Nachkriegsjahrmarkt wurde bereits im Frühjahr 1946 abgehalten, konnte sich jedoch nur über mäßigen Zustrom erfreuen, wofür in erster Linie die strengen Brückenkontrollen sowie die allgemeine Not verantwortlich waren. Einzig das Angebot an Wurstwaren konnte die Besucher anlocken, vor allem, da diese zum halben Markenwert erworben werden konnten. Für den Herbstmarkt dürfte auf Anregung der Schausteller der Schwerpunkt auf dem Vergnügungsangebot gelegen haben, wodurch jedoch kaum Besucher angelockt wurden. Erst ab dem Jahr 1947 wurden die Jahrmärkte wieder mit der gewohnten Regelmäßigkeit abgehalten und es ging auch wirtschaftlich langsam bergauf. Infolge der Entfernung der Schuttberge im Jahr 1950 und dem gleichzeitigen Ausbau der Stromversorgung konnte endlich der Bereich der Warenstände wieder erweitert werden.[28]

Die Aufhebung der Brückenkontrollen im Jahr 1953 war der entscheidende Impuls für die Urfahrer Jahrmärkte, um wieder Vorkriegsniveau zu erreichen. War vorher vor allem die Mühlviertler Bevölkerung auf dem Markt anzutreffen, so kamen nun auch wieder die Besucherströme aus Linz und den umliegenden Gebieten südlich der Donau. Besonders der Herbstmarkt 1953 übertraf alle Erwartungen.

Nach dem verheerenden Hochwasser im Juli 1954, der das Gelände entlang der Donau stark verwüstete, war es fraglich, ob der Herbstmarkt in diesem Jahr überhaupt stattfinden würde können. Nur durch Inkaufnahme von erheblichen Kosten konnte das Areal wieder jahrmarktstauglich gemacht werden. Im Herbst 1954 stellte man erstmals eine 60 mal 36 Meter große Halle für Aussteller auf, die für 120 Firmen Platz bot. Diese Idee griff die Linzer Kaufmannschaft bereitwillig auf und organisierte sich für den Herbstmarkt 1955 bereits ein eigenes, nur den Linzer Kaufleuten vorbehaltenes Zelt mit 40 Ausstellungskojen. Wie begehrt die Standplätze in den Hallen waren, lässt sich auch daran ablesen, dass bis 1960 die mit Hallen verbaute Fläche von 3 416 m^2 (Frühjahr 1955) auf 6 633 m^2 anwuchs. Um dem starken Andrang auch platzmäßig Herr zu werden, erweiterte man das Gelände 1960 nochmals um etwa 35 000 m^2 auf die heutige Fläche von ungefähr 66 000 m^2. Zusätzlich wurde die Strom- und Wasserversorgung modernisiert und durch temporäre Lösungen die Verkehrslage beruhigt. An diesen umfangreichen Bemühungen ab den späten 1950er-Jahren lässt sich deutlich erkennen, welche wirtschaftliche Bedeutung den Urfahrer Jahrmärkten zukam.[29]

Russische Brückenkontrolle, nach 1945, Fotografie, NORDICO Stadtmuseum Linz/NA-056838.

28   Ebenda, S. 34; Linz 1945–1955. Aufbau und Leistung. Linz 1955, S. 202.
29   Schweiger: Urfahraner Markt seit 1945, S. 36f.; Linz 1945–1955. Aufbau und Leistung, S. 204; Verwaltungsbericht der Landeshauptstadt Linz. 1955–1960, Teil 1. Hrsg. vom Magistrat der Landeshauptstadt Linz. Linz 1962, S. 279, 282.

Vom Handel zum Vergnügen.

So wie sich auch die Urfahrer Jahrmärkte über den langen Zeitraum ihres Bestehens immer wieder verändert haben, so änderte sich auch das Warenangebot und dessen Herkunft ganz erheblich. Ursprünglich waren die Märkte vor allem durch landwirtschaftliche und teilweise auch gewerbliche Erzeugnisse – vornehmlich aus dem Mühlviertel – beschickt worden. Dabei waren neben Getreide, Hopfen, Flachs und anderen Produkten vor allem die hochwertigen Waren der Leinenweber und der Sensenschmiede von Interesse für die großteils bäuerlichen Besucher. Aber auch aus Linz und den südlichen Landesteilen, ja sogar aus Böhmen und Italien kamen vereinzelt Besucher zu den Jahrmärkten.

S. 39

Was als „Schaufenster des Mühlviertels" begonnen hatte, änderte sich im 20. Jahrhundert dahingehend, dass nun vornehmlich das Publikum, nicht mehr die Waren und Händler aus dem Mühlviertel stammten. Vor allem Linzer Händler und Kaufleute waren zunehmend vertreten und boten Waren

S. 40

an, die besonders gerne von der ländlichen Bevölkerung aus den übrigen Teilen des Bundeslandes gekauft wurden.[30]

Bereits 1923 stammte die Hälfte der Händler aus Linz sowie ein Großteil der übrigen Händler aus Wien. Diese Tendenz änderte sich auch Mitte der 1960er-Jahre nicht, wo von 293 Kaufleuten und Schaustellern 51 Prozent ebenfalls aus Linz stammten. Zu dieser Zeit waren die Jahrmärkte ein Anziehungspunkt nicht nur für die Umlandbevölkerung, sondern auch für Besucher aus anderen Bundesländern. Dass damals noch ein großer Teil des Publikums aus der Land- und Forstwirtschaft stammte, lässt sich an der dominierenden Gruppe von Ausstellern, die auf land- und forstwirtschaftliche Geräte und Maschinen spezialisiert waren, ablesen. Daneben wurden Waren aus beinahe allen Bereichen angeboten, von Betonmischern über Strickmaschinen bis hin zu Büchern, Fernsehgeräten und Küchenausstattungen. Aber auch die Sparte „Kleidung und Textilien" war stark vertreten.[31]

Sehr beliebt waren außerdem Aussteller aus dem Bereich „Wohnen und Einrichten". Hier sei an prominenter Stelle die Firma Leiner genannt, die bereits in den 1970er-Jahren ein eigenes Zelt am Jahrmarkt hatte und ab 1976 jedes Mal ein Großfeuerwerk

Oskar Prokosch, **Ausstellungshalle Urfahraner Markt**, 1964, Fotografie, Messe Linz.
Alfred Harrer, **Ausstellungshalle**, 1963, Fotografie, Messe Linz.

30 Meixner, E.M.: Die wirtschaftliche Bedeutung der Urfahrer Jahrmärkte. In: Festschrift 150 Jahre Urfahrer Jahrmarkt. Linz 1967, S. 6.
31 Ebenda, S. 6, 8.

auf eigene Kosten veranstaltete.[32] In der Zeit vor den großen Einrichtungshäusern dürfte der Urfahraner Markt ein Hotspot für Einrichtungsinteressierte und Möbelkäufer gewesen sein.

Bereits Ende der 1980er-Jahre (Jubiläumsjahr 1987) waren die am stärksten vertretenen Gruppen an Ausstellern jene aus den Bereichen „Bauen und Sanieren" sowie „Wohnen und Einrichten". Beide zusammen machten knapp die Hälfte der Aussteller (ca. 43 Prozent) aus. Daneben waren die Sparten „Textilien, Bekleidung, Schuhe" sowie „Schmuck" und „Kosmetik" gemeinsam mit etwa 19 Prozent der nächstgrößere Themenbereich. Land- und forstwirtschaftliche Maschinen spielten kaum mehr eine Rolle unter den Ausstellern.[33]

Wirft man dem demgegenüber noch einen kurzen Blick auf die heutige Lage der Aussteller auf dem Urfahraner Markt, so sind eindeutig die Bereiche „Baubedarf" und „Möbel- und Einrichtungsgegenstände" noch immer dominierend. Beide Sparten zusammen machen 48 Prozent der Aussteller aus, wobei hier nur die Aussteller in den Hallen, nicht aber jene auf den Freigeländeflächen gezählt wurden. Die restlichen Aussteller stammen aus den Bereichen „Elektrogeräte", „Mode, Kosmetik, Wellness" sowie „Natur und Umwelt" und „Sonstiges".[34]

Die Urfahrer Jahrmärkte blicken heute auf eine 200 Jahre lange Geschichte voller Höhen und Tiefen zurück. Oftmals waren sie wegen der schwierigen wirtschaftlichen und gesellschaftlichen Lage kurz vor dem Ende, doch gelang es den Händlern und Interessierten immer wieder, die Traditionsmärkte weiterzuführen. Aus den ursprünglichen Jahrmärkten mit Handelsschwerpunkt und dem zeitweiligen Abdriften zum reinen Volksfest ist heute eine Institution im Linzer Veranstaltungskalender geworden, die eine gute Balance zwischen Handel und Vergnügen gefunden hat. In seiner Bedeutung ist der Urfahraner Markt nicht mehr aus Linz wegzudenken und hat heute schon beinahe den Status eines Wahrzeichens der Stadt erlangt.

Horst Einöder, **Messe Urfahraner Markt**, 2011, Fotografie, Kronen Zeitung.
Norbert Artner, **Elsa Schlader am Urfahraner Markt**, 2016, Fotografie. (S. 69)
Norbert Artner, **Urfahraner Markt**, 2016, Fotografie. (S. 70–71)

32 Kuttenberg, Arthur (Hrsg.): Der Urfahraner Markt. Tradition und Gegenwart. Linz 1987, S. 124f.
33 Die Zahlen beruhen auf der eigenhändigen Zählung und Auswertung der Aussteller mittels des Ausstellerverzeichnisses des Urfahraner Frühlingsmarktes 1987; 170 Jahre Urfahraner Markt. 1.–10. Mai 1987. Programm und Ausstellerverzeichnis, S. 13–29.
34 Die Zahlen wurden ebenfalls mittels Zählung ermittelt. Quelle dafür war das Magazin „Urfahranermarkt". 1. bis 9. Oktober 2016, S. 12f.

Ursula Schlader, 1970, Fotografie, Archiv Rudolf Schlader.

Weihnachtsfeier der Schausteller-Familie Avi in ihrem Wohnwagen, 1973, Fotografie, Archiv Familie Avi.

Frühlingsarbeit bei den Schausteller-Familien, 1969, Fotografie, Archiv Familie Avi.

Transport von Wohnwägen und Fahrgeschäften in Bad Ischl, 1966, Fotografie, Archiv Rudolf Schlader.

Schulbesuchsbuch von Ronald Avi, 1965–1977, Archiv Ronald Avi.

Erwin Rachbauer, **Urfahraner Markt**, 2000, Fotografie, 28 x 40 cm, NORDICO-Stadtmuseum/D 455.

Jugend am Jahrmarkt, 1970er-Jahre, Fotografie, Archiv Familie Avi.

Ein Arbeiter im Autodrom Schlader, um 1965, Fotografie, Archiv Rudolf Schlader.

Christine Schlader am Karussell, 1932,
Fotografie, Archiv Familie Avi.

Gertrude Avi (geb. Schlader) in ihrer Schießbude, 1957,
Fotografie, Archiv Familie Avi.

Gertrude Avi (geb. Schlader), 1982,
Fotografie, Archiv Familie Avi.

Ceija Stojka, **Wiedersehen im Juni 1945 unter der Brücke am Urfahrmarktgelände**, 2002,
Gemälde, 50 x 130 cm, NORDICO-Stadtmuseum/G 11.759.

Das Fahrgeschäft Typhoon der Schausteller-Familie Avi in Dubai, um 2003,
Fotografie, Archiv Erich und Elfriede Avi.

Gregor Graf/Rebel Club, **Preiskegeln am Urfahraner Markt**, 2004, Fotografie, 14,5 x 10 cm, NORDICO-Stadtmuseum/D240/5.

Mit dem „Schiaßbudinger" z'samm.
Schausteller und Fieranten: Lieben und Leben am Urfahraner Markt
Arabelle Bernecker

Die 20er- und 30er-Jahre am Urfahraner Markt. Was muss das für eine Zeit gewesen sein! Riesen, Zwerge, Schießbuden, Tiermanegen und Kolossaldamen, die mit ihrer Leibesfülle warben. – Und mittendrin fünf fesche Schausteller-Töchter, die legendären „Sonnberger Dirndln", die den Männern den Kopf verdrehten. Theresia sogar buchstäblich, wenn sie als „Gitta Gordon" mit ihrem Motorrad als „Der Welt größte Sensation!" durch die „Todeskugel" rasend vor der staunenden Menge ihr Leben riskierte.

S. 138

Auch wenn sie selbst schlussendlich einen „Privaten", einen Bahnhofsvorsteher, heiratete, ihre Schwestern blieben der Branche treu, führten die Familiengeschäfte weiter oder heirateten in andere wichtige Schausteller-Dynastien ein. Rieger, Schlader, Straßmeier und Deisenhammer wurden dadurch eng verbunden. Obwohl – die oberösterreichischen Schausteller sind „angeheiratet sowieso fast alle durcheinander verwandt", wie Karlheinz Straßmeier, Sohn von Aloisia, einer der Sonnberger Schwestern, erklärt.

Bis in die Mitte des 18. Jahrhunderts können manche von ihnen ihre umherziehenden Vorfahren zurückverfolgen, wobei die Wurzeln wahrscheinlich noch viel weiter zurückreichen. Tatsächlich zählt das Marktfahrergewerbe, das nicht nur Familien- und Sozialgeschichte, sondern immer auch ein Stück Kulturgeschichte repräsentiert,[1] zu den ältesten Berufsständen überhaupt.[2]

Unter dem Begriff „Fahrendes Volk" wurden früher zahlreiche Professionen zusammengefasst: Fieranten (mobile Händler), wandernde Heilkundige wie Ärzte, Apotheker oder Quacksalber, Theatergruppen, Puppenspieler, Bänkelsänger, Drehorgelspieler und Artisten wie Seiltänzer, Athleten, Zauberer, Jongleure. Dazu kamen Taschenspieler, Wahrsager und die Zurschaustellung von Menschen, Tieren und Dingen.[3]

Eine wichtige Gruppe waren die Roma und die vor allem auch in Oberösterreich relevanten Sinti, die als Kesselflicker, Hilfsarbeiter und zum

Fahrt in der Todeskugel, 1930er-Jahre, Fotografie, Sammlung Gerhard Eberstaller.
Tiermenagerie Weberitsch am Urfahraner Markt, 1932, Fotografie, Archiv Elsa Schlader.

1   Vgl. Schmelter, Bruno, in: Straßmeier, Valerie: Schausteller einst und jetzt. Eine empirische Studie über den familiären und beruflichen Wandel unter besonderer Berücksichtigung der reisenden Berufsgruppe im Raum Oberösterreich. Diplomarbeit, Johannes Kepler Universität Linz, Nov. 2014, S. 4.
2   *schaustellerverband-ooe.com/geschichte.htm*
3   Straßmeier, Valerie: Schausteller einst und jetzt, S. 11 ff.

S. 76

S. 72

Beispiel unter anderem als Stoff-, Pferde- oder Teppichhändler umherzogen oder ihre Waren auf Märkten feilboten. Die wenigen, die der Vernichtungsmaschinerie des Hitlerregimes entkommen waren, taten sich allerdings schwer, das alte Leben wieder aufzunehmen, da ihre Fertigkeiten zum Teil obsolet waren oder ihnen die nötigen Papiere fehlten beziehungsweise vorenthalten wurden.

BLOSS NICHT FESTFRIEREN IM WOHNWAGEN

Mit dem Terminus „Fahrendes Volk", einem zeitweise sehr negativ konnotierten Begriff, identifiziert sich heute niemand mehr. Einige der Berufe sind längst verschwunden oder sesshaft geworden, andere, vor allem artistische, haben sich zu eigenen Branchen entwickelt. Die Schaustellerei jedoch ist erhalten und relevant geblieben. Allerdings hat sie ihren Fokus geschärft und sich zunehmend auf Ringelspiele, Hochschaubahnen, eben das sogenannte „Fahrgeschäft" konzentriert. Mobil ist sie nur noch zum Teil; während der „Saison", die im März mit dem Urfahraner Frühjahrsmarkt beginnt und oft erst zu Weihnachten endet, ist man im Wohnwagen unterwegs. Im Winter wohnt (und heizt) man stationär.

Als „goldene Zeit" werden die 60er-, 70er- und 80er-Jahre des 20. Jahrhunderts oft bezeichnet, da konnte man als Schausteller sehr gut verdienen. Doch davor lagen entbehrungsreiche Jahrzehnte des Aufbaus.

Wer die Welser Avi-Brüder nach ihrer Kindheit fragt, stellt schnell fest: Sozialromantik wäre fehl am Platz. Der Großmutter – immerhin Schaustellerin in vierter Generation – war es irgendwann gelungen, in Wels ein Grundstück mit einem kleinen Häuschen zu erwerben. Trotzdem mussten Erich und Ronald mit ihren Eltern in einem vier Meter langen Wohnwagen überwintern, der im Vorgarten abgestellt war.

Eine Zeit lang waren sie sogar in einem zwei Meter langen, nicht beheizbaren Packwagen untergebracht, dessen Wände aus dünnen Pressspanplatten bestanden. Im Winter bildete sich innen an manchen Stellen eine zwei bis drei Zentimeter dicke Eisschicht, und man musste aufpassen, nicht mit der Bettdecke festzufrieren. Gegen die Kälte legte die Mutter ihren Söhnen einen angewärmten, mit Stoff umwickelten

Ceija Stojka, **Wiedersehen im Juni 1945 unter der Brücke am Urfahrmarktgelände**, 2002, Gemälde, Ausschnitt, 50 x 130 cm, NORDICO Stadtmuseum/G 11.759.

Weihnachtsfeier der Schausteller-Familie Avi in ihrem Wohnwagen, 1973, Fotografie, Archiv Familie Avi.

Mit dem „Schiaßbudinger" z'samm.

Ziegel ins Bett. Kein Einzelschicksal wie sich zeigt: Auch in anderen Familien wird von über Nacht angefrorenen Haaren oder undichten Wohnwagendächern und bei Regen aufgestellten Töpfen erzählt.⁴

In der Winterpause, die damals ungefähr von November bis Ende März dauerte, wurden Reparaturen und Restaurierungen an den Fahrgeschäften vorgenommen. Eigentlich hätte man nach der Saison mit ihren anstrengenden 20-Stunden-Tagen Erholung gebraucht – aber nur wenige Schausteller konnten sich das leisten. Als die Avi-Brüder klein waren, war ihr Vater gezwungen, im Winter als Hilfsarbeiter, Kohleschupfer oder Maler dazuzuverdienen.

„Die ‚gute alte Zeit' war schon hart", erinnert sich Ronald Avi heute und muss sich eingestehen, dass man sie im Rückblick oft verklärt. Aber würde er tauschen wollen? Ums Verrecken nicht. Eine Kindheit „im Rummel" hatte nämlich auch ihre schönen Seiten.

„WAS MACHT DER KNIRPS NOCH AUF DER STRASSE?" – „ER HAT EH SCHON ZÄHNE GEPUTZT, HERR INSPEKTOR."

Zum Beispiel die Schule: Als sogenannte „Wanderschüler" begannen die Avis jedes Schuljahr in Wels, beendeten es aber in Innsbruck, und besuchten dazwischen zehn bis zwölf weitere Volks- und später Hauptschulen in verschiedenen Städten. Manchmal drei Wochen lang, manchmal nur für ein paar Tage. Und dazwischen hatte man (auch wenn das den Schulinspektoren gar nicht gefiel) immer wieder tageweise frei, während man von einem Ort zum nächsten zog. Zwar war viel eigenständiges Lernen gefragt und zu Jahresende wurde der Gesamtstoff geprüft, aber: Statt 30 Schulfreunden hatte man 350, und populär war man auch, weil man viel zu erzählen hatte, manchmal Jetons und Naschereien mitbrachte und – das Wichtigste – Gratisfahrten auf dem Ringelspiel ermöglichen konnte.

Der bedeutendere Teil der Kindheit spielte sich aber ohnehin am Rummelplatz ab. Dort hatte man zwar seine Pflichten – nach der Schule saß man an der Kassa oder half anderweitig mit –, aber auch eine ganze Menge an Freiheit. Während die Eltern bis spätnachts arbeiteten, lief man mit den Kindern der Kollegen weitgehend unbeaufsichtigt auf dem Platz herum, spielte und heckte Streiche aus. Immer wieder kam es vor, dass sich ein Polizist ob der nächtlichen Aktivitäten zum

Schulbesuchsbuch von Ronald Avi, 1965–1977. Archiv Ronald Avi.

4   Birnbaum, in: Straßmeier, Valerie: Schausteller einst und jetzt, S. 34.

Einschreiten veranlasst sah. Zum Beispiel am Urfahraner Markt: „Was macht denn der kleine Knirps noch auf der Straße? Es ist doch schon nach Zehn!" – „Er hat eh schon Zähne geputzt, Herr Inspektor. Der geht jetzt gleich ins Bett!" flunkerten die Eltern dann.

Diese Zeiten sind natürlich lange vorbei. Die Schule hat heutzutage einen anderen Stellenwert und mancher Schausteller lässt seine Kinder bei Verwandten oder in einem Internat, um ihnen eine gute Ausbildung zu ermöglichen. In der jungen Generation der Familien Schlader, Avi, Rieger – um nur einige zu nennen –, ist ein Universitätsabschluss keine Seltenheit mehr.

RINGELSPIEL IM EIGENBAU

Aber das ist nicht alles, was sich geändert hat: Noch vor wenigen Jahrzehnten wurden die Fahrgeschäfte von den Schaustellern weitestgehend selbst entwickelt. Erich Avi hat eine Schweißer-Ausbildung und sich alles andere, was man für den Bau von Karussells und Bungeeanlagen bis hin zur Reparatur von Lkw-Motoren braucht, autodidaktisch angeeignet: „Man hat auf einem Markt etwas Interessantes gesehen oder sich etwas ausgedacht, was es noch nicht gab – und das dann in den Wintermonaten in der Werkstatt zusammengebaut. Für einiges hat man sich Hilfe geholt oder Teile zugekauft, aber den Großteil hat man selbst gemacht, anders hätte man sich das gar nicht leisten können. Auch wenn man für manche Dinge dreimal so lang gebraucht hat wie ein Spezialist, weil es nicht auf Anhieb funktioniert hat und man wieder von vorne anfangen musste! Wenn man es dann geschafft hat, war man dafür doppelt so stolz."

Angesichts der großen, komplexen Fahrgeschäfte von heute ist das kaum noch vorstellbar. Dabei ist das jahrhundertelang so gewesen, beginnend mit dem Karussell oder „Carrousel", wie man es in Frankreich nannte: eine Art Ritterspiel, bei dem man im Kreis ritt und mit einer Lanze einen Ring herunterstechen oder die Holzfigur eines Feindes treffen musste. Das aufwendigste dokumentierte Carrousel, an dem nicht weniger als 500 prachtvoll gekleidete Ritter teilnahmen, wurde 1662 von Sonnenkönig Ludwig XIV. abgehalten. Der Wandel von der reinen Reiterübung zum höfischen Festvergnügen machte es auch Frauen möglich, an dem Geschicklichkeitsspiel teilzunehmen.[5]

Das erste teilmechanisierte Kettenkarussell in Europa dürfte bereits um 1680 herum entstanden sein: Pferde und Wägen wurden durch Ketten ersetzt, die um ein Zentrum kreisten. Der Antrieb allerdings, durch Pferd, Maultier oder Mensch, blieb konventionell. Nach wie vor gab es eine Vorrichtung, die dafür genutzt werden konnte junge Adelige auf Turniere vorzubereiten.[6]

---

[5] Geese, in: Straßmeier, Valerie: Schausteller einst und jetzt, S. 19 ff.
[6] Straßmeier, Valerie: Schausteller einst und jetzt, S. 20 ff.

Es sollte noch einmal rund 50 Jahre dauern, bis diese Vergnügungen auch der nicht-adeligen Bevölkerung zugänglich gemacht wurden. Mit Beginn des 19. Jahrhunderts begannen die Karussells auf Festplätzen aufzutauchen und 1835 wurden sie dank einer neuen Konstruktion transportabel. Neben dem Ringelspiel waren damals besonders populär: Jahrmarktpanoramen, Schaukeln, Rutschbahnen und eine Art Vorläufer des Riesenrads, „Russische Schaukel" genannt.[7]

S. 28

Ein Detail am Rande: Dass sich österreichische und deutsche Karussells auch heute noch meist gegen den Uhrzeigersinn drehen, liegt daran, dass man dadurch als Rechtshänder einen Ring besser fangen oder Holzfiguren besser treffen konnte. Englische Ringelspiele wiederum drehen sich in die entgegengesetzte Richtung, aus der Logik heraus, dass man ein Pferd immer von links besteigt.[8]

KANN BEIM KETTENKARUSSELL WAS REISSEN?

Wenn man sich vor Augen führt, dass bereits ein 10 mal 17 Meter großes Kinderautodrom rund 12 000 Kilogramm wiegt und aus etwa 500 Teilen besteht,[9] überrascht es nicht, dass moderne Fahrgeschäfte schnell einmal eine Million Euro kosten oder sogar mehr. Viel wird in Norditalien gebaut, wo sich ein ganzer Landstrich auf die Produktion spezialisiert hat.

Vom ersten Entwurf bis zum fertigen Prototyp können Monate vergehen. Der Produzent trägt einen Teil des wirtschaftlichen Risikos mit: Erst wenn das Fahrgeschäft erfolgreich wird und sich zumindest sieben bis acht Mal verkauft, wird es wirklich rentabel. Natürlich gibt es Bestseller wie das weltweit verbreitete Tagada – aber das ist die Ausnahme. Die meisten Neuentwicklungen bleiben Einzelstücke.

All das geschieht unter dem wachsamen Auge des TÜV: Der ist meist schon bei der Entwicklung dabei. Darüber hinaus wird jedes Fahrgeschäft einmal pro Jahr kontrolliert, tragende Teile sogar geröntgt. Vielfach wird aber so sicher gebaut, dass die Vorschriften um das Sechsfache übertroffen werden. Da das natürlich seinen Preis hat, ist mancher versucht, in Osteuropa günstig einzukaufen. Keine gute Idee, wie Ronald Avi weiß: „Die Papiere sind dann in Österreich nicht gültig, man muss den TÜV neu machen. Wenn der mir dann vorschreibt, dass ich irgendetwas verstärken muss – das kostet so viel, da kann ich gleich neu bauen."

Urfahraner Frühjahrsmarkt, 1933, Fotografie, Archiv Elsa Schlader. Das Riesenrad wurde „Der Russ" genannt und gehörte der Schausteller-Familie Pollhammer.

7   Straßmeier, Valerie: Schausteller einst und jetzt, S. 14 ff.
8   Straßmeier, Valerie: Schausteller einst und jetzt, S. 25 ff.
9   *zelt-trimmel.at/kinderautodrom.htm*

Ob nicht trotzdem manchmal etwas passiert? Was, wenn beim Kettenkarussell eine Kette reißt? „Also falls – aber das kommt ja nicht vor – tatsächlich eine Kette reißen sollte, gibt es ja immer noch drei weitere. Alle vier können ja nicht gleichzeitig reißen!" Außerdem: Wenn man alle paar Jahre einmal etwas von einem Unfall hört, dann sicher nicht in Europa, sondern irgendwo in Übersee, wo die Sicherheitsstandards geringer sind.

DIE WICHTIGSTE REGEL ÜBERHAUPT: DAS GELD FÜR DIE RÜCKREISE BEISEITELEGEN

Apropos Übersee: Die 1925 geborene Else Schlader zählt die Stationen einer Route auf, wie sie in ihrer Kindheit für oberösterreichische Schausteller typisch war: ausgehend von Wels begann die Saison in Linz mit dem Urfahraner Frühjahrsmarkt, dann über Ried, Kufstein, Wörgl und Schwaz wieder nach Wels und Ried. Für viele markierte damals der Urfahraner Herbstmarkt im Oktober das Ende der Saison.

Wer die größere Europa-Tour machte, reiste mit dem Wetter: im Sommer über Villach hinauf in den Norden nach Deutschland und im Herbst über den Brenner hinunter nach Italien. Aber die Möglichkeiten waren schier unendlich: Als Elfriede Avi 1998 in Hamburg während einer Schlechtwetterperiode mit einer schweren Lungenentzündung im Wohnwagen lag, nahm sie ihrem Mann Erich das Versprechen ab, als nächstes in einem warmen Land Station zu machen. Keine vier Wochen später schifften sie sich nach Zypern ein. Aus einem geplanten Jahr wurden vier. Bis eines Tages ein Araber vor ihrem Fahrgeschäft stand: „Was machen Sie hier?" – „Geld verdienen." – „Dann kommen Sie nach Dubai!"

Es folgten fünf Jahre, in denen sie den ganzen Nahen und Mittleren Osten bereisten, inklusive Wüstendurchquerungen im Lastwagen-Konvoi. Nach drei Jahren, in denen Erich als technischer Leiter eines Vergnügungsparks gearbeitet hatte, war es wieder Zeit für etwas Neues: China, das in der Schaustellerbranche als das Gelobte Land gilt.

Erich Avi erklärt: „Am Urfahraner Markt liegt der Besucherrekord bei beachtlichen 600 000 Leuten in zehn Tagen. Aber in Shanghai kommen 20 Millionen in zwei Monaten! Wenn der Vergnügungspark um 10 Uhr aufsperren soll, warten um 9:30 Uhr bereits 60 000 auf den Eintritt. Um 11:00 Uhr muss man sich für eine Fahrt schon eine Stunde anstellen. Das sind Dimensionen, die man sich hier gar nicht vorstellen kann!"

Erich Avi vor seinem selbst entwickelten Fahrgeschäft „Typhoon" in Dubai, um 2004, Fotografie, Archiv Erich und Elfriede Avi.

Für das Ehepaar Avi waren die eineinhalb Jahre in China ein Erfolg. Aber nicht für alle endet das Abenteuer gut: Es gibt genug Schausteller, die in China hängengeblieben sind, weil sie nach ein, zwei sensationellen Saisonen zu viel riskiert haben und mit ihren Investitionen gescheitert sind. Erich Avi hat deshalb immer darauf geachtet, genug Geld für die Rückfahrt zu haben – die bei 200 Tonnen Gepäck schon einmal mit 150 000 Euro zu Buche schlagen kann.

„VON EINEM SCHAUSTELLER MÖCHTE ICH KEINE GEWAMST KRIEGEN"

Auch wenn die ganz großen Jahre wegen der drastisch gestiegenen Kosten für Transporte, Platzmieten und moderne Fahrgeschäfte vorbei sind, kann man als Schausteller grundsätzlich noch immer recht gut verdienen.

Elfriede Avi zählt augenzwinkernd weitere Vorteile auf: „Wer am Rummel arbeitet, ist immer an der frischen Luft und braucht weder Fitnesstraining noch Solarium. Und wenn man ein Kinderkarussell betreut, bekommt man noch eine Rauchentwöhnung gratis dazu. Außerdem tun lachende Kinder der Seele gut!" Eine Avi-Großmutter hat übrigens „mit 90 noch Altenbetreuung gemacht – so fit war sie!"

Das sollte aber nicht darüber hinwegtäuschen, dass die Arbeit hart, um nicht zu sagen brutal ist. Kreuzschmerzen (Erich Avi: „Ich kenne keinen, der die nicht hat"), Schwerhörigkeit und Augenprobleme – wegen der Lichter und Stroboskopblitze, die den Sehnerv schädigen – sind häufige Krankheitsbilder. Dazu kommt die Unfallgefahr durch den Umgang mit tonnenschwerem Gerät.

Und noch eine Risikoquelle gibt es, an die man im ersten Moment gar nicht denkt: den Marktbesucher. Ronald Avi, der einen „Hau den Lukas" betreibt, erklärt: „Wo draufhauen, um zu zeigen, wer der Stärkste ist – da bedien' ich eine ganz andere Klientel als mein Bruder mit seinen Kinderfahrgeschäften. Wenn die Kunden dann auch noch betrunken sind, dann kann es schon zu heiklen Situationen kommen." Da braucht man starke Nerven und eine dicke Haut, man darf sich auf keinen Fall provozieren lassen. „Stellen Sie sich vor, mir fällt der 12 Kilo schwere Hammer auf den Fuß. Dann ist die Saison für mich gelaufen." Wenn es ganz arg wird, sperrt Ronald Avi deshalb zu und geht. Das hat noch immer funktioniert.

„Stark", sowohl geistig als auch körperlich, ist auch das Erste, was dem evangelischen Pfarrer Stefan Schumann zur Verfassung „seiner" Schausteller einfällt. „Natürlich ist ihr Leben ungesund: die kurzen Nächte während der Saison, die schweren Auf- und Abbauten bei jedem Wetter, das einseitige Essen. Es wird sehr viel

Hau den Lukas, 1980er-Jahre, Fotografie, Archiv Ronald Avi.

geraucht. Und es ist fast unmöglich, sich gegen die Kälte zu schützen! Im Winter stehen sie dann zwei Monate in der Werkstatt, einer eisigen Halle." Das geht nicht spurlos an ihnen vorüber – aber es macht sie auch tough. „Also von einem Schausteller möchte ich keine gewamst kriegen", umschreibt das Stefan Schumann mit einem drastischen Bild.

GOTTESDIENST IM AUTODROM

Er kann das gut beurteilen, denn der seit mehr als 25 Jahren als Künstler-, Zirkus- und Schausteller-Seelsorger tätige Pfarrer ist mit den Mitgliedern seiner „kleinen Landgemeinde", wie er sie liebevoll nennt, eng verbunden, sieht sie rund zehnmal im Jahr.

Der Gottesdienst am Urfahraner Markt wird am zweiten Freitag abgehalten, da das Eröffnungswochenende dafür zu hektisch wäre. Immer im Autodrom der Familie Straßmeier, in dem auch schon Hochzeiten und Taufen stattgefunden haben. Rund 60 Menschen nehmen an der ökumenischen Feier teil; jede Schausteller-Familie versucht, zumindest einen Repräsentanten zu schicken, auch wenn die anderen nicht abkömmlich sind.

Da der Urfahraner Markt auch zu „ruhigen" Zeiten recht lebendig ist, muss Stefan Schumann ein Mikrofon verwenden. Aber trotz des Lärmpegels und der Tatsache, dass die Schausteller wegen ihrer Wochenendarbeit mit dem Kirchen-Ritus nicht allzu sehr vertraut sind, (und außerdem, laut nachrichten.at, auch nicht besonders gut singen[10]), stellt sich selbst im grellbunten Autodrom eine spirituelle Atmosphäre ein. Pfarrer Schumann hat das immer wieder erlebt: „Auch wenn die Schausteller für das Vorlesen langer Bibeltexte nicht so viel Geduld haben: Bei der Predigt hören sie ganz genau zu."

Stefan Schumann ist in ganz Österreich tätig, aber die oberösterreichischen Schausteller stehen ihm besonders nah: „Das sind sehr warme und großzügige Menschen. Und sehr traditionsbewusst. In den 60ern haben sie nachdrücklich einen Seelsorger eingefordert – und noch heute organisieren sie den Gottesdienst komplett selbst: vom Termin über die Bänke bis zum Altar-Tischtuch. Man merkt, dass es ihnen ein echtes Anliegen ist."

Noch etwas ist ihnen heilig: das Feiern. Pfarrer Schumann darf auch hier nicht fehlen: „Das ist geradezu eine Verpflichtung. Entschuldigungsgründe wie Reisen oder Krankheit gelten nicht. Wie denn auch? Die Schausteller legen ja auch weite Wege zurück, egal wie es ihnen gerade geht."

Norbert Artner, **Ökumenischer Gottesdienst am Urfahraner Markt im Autodrom der Schausteller-Familie Straßmeier**, 2016, Fotografie.

10   nachrichten.at/oberoesterreich/Bitten-und-beten-am-Linzer-Biertisch-Altar;art4,270108

DIE „PRACHTVOLLEN SCHAUSTELLERFRAUEN"[11]: VERRÜCKT, ABER MIT FLÜGELN

In jeder Schausteller-Familiengeschichte scheint es zumindest eine zu geben: die starke Matriarchin, die bereits in prä-emanzipierten Zeiten das Familienunternehmen gründete, managte, expandierte oder zumindest entscheidend prägte. Egal, ob sie aus der Branche war oder als Außenstehende, als sogenannte „Private" kam, wie die 14-jährige Bauerntochter Anni, die vom jungen „Schiassbudinger" Schlader angezwinkert wurde und ihn nach einem Wiedersehen ein paar Jahre später („Mama, du

S. 75

darotst nie, mit wem i jetzt z'samm bin") auch heiratete. Ebenso entschied sich Elfriede Avi (nach ein paar Test-Jahrmärkten, versteht sich), dafür, dem sesshaften Leben mit Beamtengehalt „Adieu" zu sagen. Ohne es jemals zu bereuen, wie sie versichert: „Immer, wenn meine Mutter behauptet hat: ‚Irgendwo muss man doch Wurzeln haben!', habe ich geantwortet: ‚Wir nicht. Wir haben Flügel!'"

    Der starke Einfluss der Schaustellerfrauen lässt sich nicht nur mit dem Männermangel nach dem Zweiten Weltkrieg erklären, sondern vor allem auch mit der Rolle, die sie zu spielen hatten und haben. Nicht nur für Kinder und Haushalt verantwortlich, sind sie in alle Bereiche des Unternehmens eingebunden und Managerin, Buchhalterin, Logistikerin, Designerin, Lastwagenfahrerin, Kassiererin und vielsprachige Rekommandeurin am Mikrofon in Personalunion. Es kann schon sein, dass der Mann nach außen hin den Chef darstellen darf. „Aber dass da einer etwas Wichtiges an seiner Frau vorbei entscheidet? Das kann ich mir eigentlich nicht vorstellen", ist auch Pfarrer Schumann überzeugt. Was jedenfalls alle, Männer wie Frauen, vereint, ist die Liebe zu ihrem Metier. Und „dass man natürlich verrückt sein muss", wie Erich Avi unter zustimmendem Nicken betont. Das Konzept der Pension ist ihnen fremd. Die Welserin Margit Rieger, Senior-Chefin von Österreichs größtem Fahrgeschäfts-Betrieb, behauptet zwar, dass es ihr eigentlich lieber gewesen wäre, wenn ihr Sohn nach seinem Wirtschaftsstudium einen anderen Beruf ergriffen hätte - allerdings nicht, ohne gleichzeitig zu erwähnen, wie „irrsinnig gerne" sie nach 47 Jahren noch immer im Wohnwagen lebt und „mit Herz und Seele mitten im Geschehen"[12] ist.

Gertrude Avi (geb. Schlader), 1982, Fotografie, Archiv Familie Avi.
Norbert Artner, Elfriede und Erich Avi, Urfahraner Markt, 2016, Fotografie.

11 schaustellerverband-ooe.com/geschichte.htm
12 Famler, Erik: Schaustellerin Margit Rieger: „Bin mit Herz und Seele mitten im Geschehen". Oberösterreichische Nachrichten, 31.8.2012; *nachrichten.at/oberoesterreich/wels/Schaustellerin-Margit-Rieger-bdquo-Bin-mit-Herz-und-Seele-mitten-im-Geschehen-ldquo;art67,957132*

Die 61-jährige Elfriede Avi schwärmt noch heute davon, dass sie am Salzburger Ruperti-Kirtag den Wohnwagen immer vor der Pferdeschwemme geparkt und dadurch beim Zähneputzen „einen schöneren Ausblick als der Erzbischof" hatten. Das Traumhaus mit der Fußbodenheizung und den zwölf Heizkörpern hat sie wieder verkauft und gegen eine Wohnung getauscht, da sie ja „eigentlich nur einen Platz zum Kofferabstellen" braucht. Nicht nur, weil sie als Vielreisende und „fliegende Babysitterin" für ihre vier Enkelsöhne um die Welt jettet, sondern auch, weil Erich Avi, offiziell seit zwei Jahren in Pension, den Ausstieg nicht geschafft hat: Alle großen Karussells sind zwar verkauft, aber hier gibt es einen kleinen historischen Zug für Kinder, der einen neuen Besitzer sucht, dort zwei seltene, uralte Weissagungs-Automaten, die man restaurieren kann … Mittlerweile sind es wieder 12 Stück. Nichts Großes, natürlich. Winzigkeiten geradezu; keines mehr als 3,5 Tonnen schwer. „Wir haben noch so viele Ideen", will auch Elfriede Avi nicht ans Aufhören denken.

OHNE KOKOSBUSSERL HEIMGEHEN? UNDENKBAR!

Aber der Urfahraner Markt besteht nicht nur aus Schießstand, Geisterbahn und Autodrom. Mindestens ebenso wichtig sind die Fieranten, die fahrenden Händler, die den Markt teils seit Generationen beliefern und entscheidend zur Festtagsatmosphäre beitragen: der Duft von frisch gegrillten Hendln, der Karamelllockstoff der Zuckerwatte, ein vorbeiwehender Knoblauch-Langos-Hauch und die Bratwürstel, die – Stichwort Holzkohlegrill – nirgends so gut schmecken wie dort. Daneben das freche Glänzen rotbackiger glasierter Äpfel und die „Achtung, bald ist Weihnachten!"-Mahnung der Lebkuchen.

Glühwein oder Bier? Egal – Hauptsache, man beklagt sich über den Preis, denn das gehört zur Tradition. Und zwischendrin ein buntes Kaleidoskop von Standeln mit kuriosem Schnickschnack, obskuren Tinkturen, Schmuck, Spielzeug, Bürsten aller Art, Unterhosen – der Urfahraner Markt präsentiert eine Fülle an Dingen, die man braucht oder eben nicht braucht, aber trotzdem haben muss.

Im Fall der Linzer Stadträtin Susanne Wegscheider sind es Kokosbusserl, an denen sie nicht vorbei kann: „Heimgehen ohne zumindest ein Kokosbusserl mitzunehmen? Das gibt's nicht". Schon 1899 war ihre Urgroßmutter auf den Linzer Märkten mit Viktualien unterwegs. Sie selbst übernahm das Geschäft in jungen Jahren von ihrer Großmutter, als diese mit 79 überraschend starb und führte es fast 30 Jahre lang. Als Stadträtin ist sie heute für Wirtschaft, Grünflächen und Märkte zuständig und unter anderem für die Infrastruktur sowie den richtigen Branchenmix verantwortlich. „Einmal Markt, immer Markt! Ich hab das im Blut", sagt sie, und man sieht ihr an, dass sie ihre Aufgabe liebt.

Mit dem „Schiaßbudinger" z'samm.

Marktaufseher, auch „Platzmeister" genannt, ist Alois Hauzenberger. Bei ihm bewerben sich die Schausteller und alle Händler, die am Urfahraner Markt außerhalb der Messehallen stehen, um einen Platz. Aus ganz Europa kommen zum Teil sehr aufwendig gestaltete Anmeldungen herein, zuletzt sogar das dreidimensionale Karton-Modell des beworbenen Fahrgeschäfts. Und die Österreicher? Füllen einfach das schmucklose Antragsformular aus. Hauzenberger erklärt, warum sie trotzdem öfter zum Zug kommen: „Was hab ich von der tollsten Bewerbung, wenn mir dann kurzfristig abgesagt wird? Dann hab ich einen Leerstand! Das Wichtigste ist die Verlässlichkeit: Ich muss sicher sein, dass der Schausteller kommt – und natürlich, dass er auch bezahlt."

Ab drei Wochen vor dem Urfahraner Markt ist Hauzenberger täglich vor Ort und rund um die Uhr erreichbar. Der Aufbau der Buden und Fahrgeschäfte, oft Millimeterarbeit, wird von ihm koordiniert und kontrolliert, damit er zügig und reibungslos über die Bühne geht. Beim Abbau ist Hauzenberger allerdings kaum zugegen: „Da wuseln dann alle gleichzeitig herum und steigen sich gegenseitig auf die Zehen. Da müsst' ich den ganzen Tag nur vermitteln."

25 Jahre ist er jetzt dabei. Auch, wenn er gesteht, die Verwandtschaftsverhältnisse der oberösterreichischen Schausteller immer noch nicht ganz zu durchblicken, kennt er doch jeden und jeder kennt ihn. Und wieder einmal beweist das alte Schausteller-Sprichwort seine Gültigkeit: „Sobald man auf dem Markt ein Paar Schuhe zerschlissen hat, kommt man nie mehr weg".

Schaustellergebet:[13]

> „O mein Gott,
> ich glaube an dich [...] vergib mir meine Sünden. [...]
> Lasz mich bedenken mein Vorrecht, als Schausteller Freude und Vergnügen zu bringen allen Menschen, besonders aber der Jugend, den Einsamen und denen, die vom Glück benachteiligt sind.
> Und wenn [...] der letzte Vorhang fällt, dann nimm mich zu dir und lasz mich ewig glücklich sein bei dir.
> Amen."

Norbert Artner, **Marktreferentin Susanne Wegscheider am Urfahraner Markt**, 2016, Fotografie.

13 Father Mac Carthy, USA. In: Kuttenberg, Arthur (Hg): Der Urfahraner Markt. Tradition und Gegenwart. Linz 1987, S. 98.

Menschenschau.
Georg Thiel

Zu den moralisch fragwürdigen Vergnügungen, die ein Besuch des Urfahraner Marktes mit sich bringen konnte, zählte das Aufsuchen einer jener Buden, in denen Menschen vorgeführt wurden.

Den meisten Schauobjekten war gemein, dass sie ins Auge fallende Abweichungen von den gängigen Normen aufwiesen. So zum Beispiel krankhaftes Übergewicht. Einige Berühmtheit erlangte die „Dicke Mitzi", die sich als „Königin aller Kolossaldamen" präsentierte.

Beliebt waren auch Darbietungen von Menschen mit Wachstumsstörungen. 1940 gastierte „Schäfers Märchenstadt Liliput", eine aus 50 Kleinwüchsigen bestehende Truppe, auf dem Marktgelände. Bis in die 1980er-Jahre hinein gab es Auftritte des Pausen-Clowns „Klein Helmut" sowie von „Bimbo", der als „Längster Mann Europas" angekündigt wurde.

Doch waren die beiden späte Vertreter einer Form des Freizeitvergnügens, das seine Blütezeit in den 1920er- bis 1960er-Jahren gehabt hatte. Damals waren am Urfahraner Markt erstaunliche Dinge zu sehen. Etwa eine „Adam-und-Eva-Schau", die von einem Hermaphroditen im Badeanzug bestritten wurde. Ein, wie im Vorfeld versichert wurde „lebender Mensch – keine Wachsfigur!" War man ein Freund unterirdischer Lebensformen, konnte man durch ein Sichtfenster einen Blick auf den Fakir „Ben Amalfo" werfen. Dieser war amtierender Weltmeister in der Disziplin „Lebendig begraben".

Und dann gab es noch die Buden mit Jugendverbot. Etwa das „Astralweib mit dem durchsichtig crystallisierten Körper", bei dem lediglich das Gewand durchsichtig gewesen ist. Ob es Beschwerden gab, ist nicht überliefert.

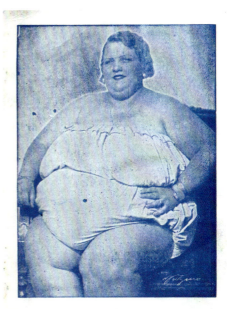

Mitzi
die Königin aller Riesendamen

„Die Dicke Mitzi", 1930er-Jahre, Werbekarte, Circus- & Clownmuseum Wien.
„Die Dicke Mitzi" – Maria Zacharias (geborene Škvrně, 1903–1957) erfreute sich in der ersten Hälfte des 20. Jahrhunderts auf unterschiedlichen Jahrmärkten und im Wiener Prater großer Popularität. Sie wog rund 265 Kilogramm. Eines ihrer Kunststücke war es, vier Männer umherzutragen. Ihre Tochter Blanka Zacharias war Bauchtänzerin.

Die mobile Schaubude der „Mitzi", um 1937, Fotografie, Circus- & Clownmuseum Wien.

Eine Kettenentfesselungs-Künstlerin am Urfahraner Markt, zwischen 1920–1940, Fotografie, Sammlung Beschek/© Verlag Köhler.

Die Schaubude des „Astralweibs", zwischen 1920–1940, Fotografie, Sammlung Beschek/© Verlag Köhler.

„Mariono – die Dame als lebender Gasometer", zwischen 1920–1940, Fotografie, Sammlung Beschek/© Verlag Köhler.

Hans Wöhrl, **Urfahraner Jahrmarkt**, Schausteller, 1962, Fotografie, NORDICO Stadtmuseum Linz/NA-035838.

Hans Wöhrl, **Urfahraner Jahrmarkt**, Schaustellerinnen, 1958, Fotografie, NORDICO Stadtmuseum Linz/NA-031148.

„Schäfers Märchenstadt Liliput", 1940, Plakat, 80 x 30 cm, Sammlung Peter Christl.

Klein Helmut – Clown des Circus Krone mit seinem Lieblingspony, 1950er-Jahre, Autogrammkarte, Circus- & Clownmuseum Wien.
Helmut Werner (1936–2014) arbeitete in mehreren Zirkussen (z.B. Circus Krone) und für Film und Fernsehen („Salto Mortale").

Werbeanzeige Urfahraner Markt, 1980er-Jahre, aus: Kuttenberg, Arthur (Hrsg.): Der Urfahraner Markt, Tradition und Gegenwart, 1987.

Schaubude der Schausteller-Familie Straßmeier, 1950er-Jahre, Fotografie, Archiv Karlheinz Straßmeier.
Der Fakir Ben Amalfo, der mit bürgerlichem Namen Lehner hieß und aus Graz stammte, ließ sich als
Attraktion immer wieder lebendig begraben.

Schaubude der Schausteller-Familie Straßmeier, Adam und Eva beziehungsweise Bruder
und Schwester in einem Körper, 1950er-Jahre, Archiv Karlheinz Straßmeier.
Der Hermaphrodit reiste als Schaubudenattraktion und Showact rund um die Welt.

Norbert Artner, **Urfahraner Markt**, 2016, Fotografie. (S. 94–96)

Jubeltrubel.
Georg Thiel

Es fließen ineinander Traum und Wachen,
Wahrheit und Lüge. Sicherheit ist nirgends.
Wir wissen nichts von andern, nichts von uns;
Wir spielen immer, wer es weiß, ist klug.
(Arthur Schnitzler, Paracelsus)

Er hatte sich bereits beim Abfahren des Zuges gedacht, dass der Entschluss, nach Linz zu fahren, kein glücklicher gewesen war. Dass er besser daran getan hätte, die ganze Geschichte, die ja doch nichts werden konnte, weil sie zum Scheitern verurteilt war, ehe sie überhaupt noch richtig angefangen hatte, einfach abzublasen. Doch dann rief er sich in Erinnerung, dass ein Depressiver ebenso gedacht hätte, und wie deprimierend die Depressiven oftmals enden, und wie absolut lebensnotwendig es für ihn war, es ihnen in dieser Hinsicht keinesfalls gleichzutun.

Auf der Höhe Amstetten dann die SMS. *Hol dich ab. Warte b. d. Löwen.* Er freute sich über die Aussicht, abgeholt zu werden und ärgerte sich, dass die Worte „bei" und „den" nicht ausgeschrieben waren. Am Bahnhof fragte er eine ihm einheimisch anmutende Dame nach den Löwen. „Sie sind aber nicht aus Linz", sagte diese und deutete Richtung Treppe. Die Frau, deretwegen er die Reise unternommen hatte, lehnte sich gegen den Sockel des rechten Löwen. Sie sieht besser aus als auf den Bildern im Internet, dachte er. Was für eine blöde Kopfbedeckung, dachte sie. Eine Baskenmütze, ausgerechnet. Macht auf Existenzialist. Epochenverschlepper. Das kann ja heiter werden.

Sie stellten sich einander vor: „Sebastian. Vielen Dank, dass du dich herbemüht hast." „Elsa. Keine Ursache." Sie trat ihre Zigarette aus. „Kennst du Linz?" Er verneinte. „Soll ich dich mal ein bisschen herumfahren?" Er nickte. Sie fuhr ihn mal ein bisschen herum, machte ihn auf verschiedene Gebäude (sie sagte *Landmarks*) aufmerksam, erklärte. „So, und jetzt zum Atelier. Musik?" Sie wartete keine Antwort ab. Es klang schrecklich. Nach modifiziertem Straßenlärm. „Was ist das?", fragte er. „Einstürzende Neubauten. Magst du was anderes?" Ihm stand der Sinn nach Wagner. „Du hast nicht zufällig Lohengrin?" „Nee." Sie drehte die Musik ab. Es folgte eine Stille, die er als bleiern empfand. Alles falsch gemacht, dachte er, während Elsa einen der Linzer Hausberge hinauffuhr.

Das Atelier war überraschend klein, es mutete japanisch an und gefiel Sebastian sehr. Wenn sie mir jetzt Tee anbieten würde, dachte er, wäre es perfekt.

„Ein Bier?" fragte Elsa. Sebastian mochte Bier nicht besonders, aber er hatte eine Scharte auszuwetzen. „Sehr gerne." Sie ging zum Kühlschrank. „Hab nur noch eins. Glas oder Flasche?" Sebastian verabscheute den Anblick von aus Bierflaschen trinkenden Frauen. „Flasche, bitte." Sie holte einen Ordner vom Regal, Sebastian las *Projekt* und seinen Namen, ehe sie unvermittelt fragte: „Heißt du wirklich Cartwright? Wie bei Bonanza?"

Er verneinte. Das sei der Name seiner Mutter aus erster Ehe, den er als Nom de Plume verwende. Sie meinte, das komme ihr bekannt vor, auch den älteren ihrer Brüder plage ein ödipaler Komplex. Sebastian antwortete, das Verhältnis zu seinem Vater sei ausgezeichnet, er habe lediglich ein Problem mit dessen Namen. Seine Stimme klang gereizt, Elsa merkte, dass er Mühe hatte, nicht laut zu werden. Sie verzichtete darauf nachzuhaken, fragte stattdessen, ob er noch ein Bier wolle. „Ich dachte, das ist dein letztes?" „War es auch. Ich hol Nachschub. Kannst dich ja inzwischen umsehen." Sie verschwand.

Es gab nicht viel zu sehen. Ein Computer, Papier, Stifte, ein paar Ordner. Kein Anhaltspunkt zu ihrer Person, kein Anhaltspunkt zu ihrer Kunst. So gesehen, überlegte Sebastian, könnte es auch das Büro einer Serienmörderin sein. Die solcherart Klassifizierte kam kurz darauf mit einem Sechser-Tragerl zurück und stellte zwei Flaschen auf den Tisch, die sie mit dem Feuerzeug öffnete. „Jetzt erzähl mal."

Mitzi
die Königin aller Riesendamen

S. 89

Sebastian begann zu erzählen. Er war auf einem seiner Streifzüge in ein Museum geraten, in dem wundersame, ja ungeheuerliche Dinge zu sehen waren. Darunter die Unterhose einer gewissen Maria Zacharias, die ihren Unterhalt zeitlebens durch das Zurschaustellen ihrer Leibesfülle bestritt. Er sagte, dass er lange Zeit mit der Betrachtung von Aufnahmen dieser *Königin aller Kolossaldamen* zugebracht habe. Und dass ihn diese Maria Zacharias, die sich unter dem Künstlernamen *Dicke Mitzi* in der ersten Hälfte des 20. Jahrhunderts einiger Popularität erfreut hatte, auf das Nachhaltigste beschäftige. Er glaube, nein, er sei sich sicher, in Mitzi einen großen Stoff gefunden zu haben, eine Art Antipode zu Kafkas Hungerkünstler. Ein Stoff, wie gemacht für eine Graphic Novel.

„Die ich zeichnen soll?" Er nickte. „Schau, schau. Eine Neigung zu stark adipösen Frauen. Du bist nicht zufällig ein Feeder?" Sebastian errötete. Er war es nicht, aber sein Großonkel oder Urgroßonkel – er wusste es nicht genau – hatte tatsächlich ein Faible für dicke Damen gehabt und seine Gattin und Liebhaberinnen bis an die Grenze des Erträglichen gemästet. Elsa schaute ihn belustigt an. „Du weißt schon, dass Zeichnen nicht unbedingt mein Ding ist?" Das wusste er nicht. Sie legte ihm ihre künstlerische Arbeit dar, wobei sie sehr viel humanwissenschaftliches Theorievokabular gebrauchte. Sebastian langweilte sich. Wie immer, wenn er sich langweilte, machte er die Schleusen in seinem Kopf auf und ließ den Wortschwall durchrauschen.

„Die Dicke Mitzi", 1930er-Jahre, Werbekarte, Circus- & Clownmuseum Wien.

Jubeltrubel.

Ihm ging durch den Kopf, wie arm die bildenden Künstler heutzutage sind, weil sie nicht einfach etwas machen können, sondern immer in diesen Gedankengebäuden festgehalten werden, in diesen Gedankengefängnisbauten, die ja doch nichts anderes als Kunstvernichtungskerker sind. Elsa war bei der Intervention im öffentlichen Raum angelangt. Ich habe zu viel getrunken, dachte er, und zu viel Thomas Bernhard gelesen. Ich darf nicht so viel Thomas Bernhard lesen. Es schadet dem Stil.

Indessen war es Abend geworden. Der Raum war voller Zigarettenrauch. Elsa sprang auf den Tisch, um die Oberlichte zu öffnen. Ein dumpfer Lärm brandete ins Atelier. „Was ist das?", fragte er. „Das? Das kommt vom Urfahraner Markt." „Tatsächlich – der ist jetzt?" „Wieso interessierst du dich für den Urfahraner Markt?" „Weil die Mitzi dort gewesen ist." „Wann?" „Einige Male." „Erzähl!" Sebastian wählte eine Begebenheit aus dem Jahr 1938, wo eine Mutter mit ihrem fünfjährigen Sohn Walter den im Übrigen damals sehr schäbigen Markt besucht hatte. Der Sohn wurde vor die Wahl gestellt: Liliputaner oder Dicke Mitzi. Walter wäre lieber zu den Liliputanern gegangen, aber die Mutter fürchtete, dass er bei ihrem Anblick lachen könnte. So landeten sie bei der Mitzi, die quellend auf zwei Stühlen saß. In der Erinnerung des Knaben trug sie ein gelbes Kleid und strickte. Ihr Impresario stand daneben und zählte auf, was sie an diesem Tag schon alles gegessen hatte. Es dauerte lange, bis er zu einem Ende gekommen war. Als Höhepunkt der Vorführung durften die weiblichen Besucher dann noch den Busen der Mitzi begutachten, um sich von der Echtheit der Fülle zu vergewissern. Ein Privileg, das den anwesenden Männern und Knaben verwehrt wurde. Die Darbietung machte auf den Fünfjährigen einen derartigen Eindruck, dass er später Schauspieler wurde.[1]

Elsa rief „Chapeau!", sie prostete ihm zu und trank. Sebastian musste sich eingestehen, dass der Bewegung, mit der sie den Flaschenhals zum Mund führte, etwas Elegantes innewohnte. Elsa musste sich eingestehen, dass ihr die Art, wie Sebastian Geschichten erzählte, gefiel. Sie lächelten sich an. „Du Armer hast ja nichts mehr zu trinken. Ich kann dich doch nicht auf dem Trockenen sitzen lassen." Sie ging zum Kühlschrank. „Oh. Alles aus. Komm, wir gehen zum Markt."

Es war eine erstaunlich milde Nacht. Sie schlenderten den Hausberg hinunter und Elsa erzählte. „Ich muss vorausschicken, dass ich nur Gehörtes wiedergebe, da ich weder Linzerin noch Oberösterreicherin bin. Deshalb ist mir dieses Volksfest an sich auch relativ gleichgültig. Wäre ich aus Linz oder Oberösterreich, verhielte es sich ganz anders. Da hätte ich im Alter von Sieben den Markt das erste Mal besucht; im Alter von 12 bis 14 das erste Mal alleine und mit etwa 30 hätten die Besuche aufgehört. Immer vorausgesetzt, dass ich in der Zwischenzeit nicht schwanger geworden wäre: Denn mit

---

1 Nachzulesen bei: Schmiedinger, Walter: Angst vor dem Glück. Berlin 2003, S. 9 f.

Kindern dreht sich das Jahrmarktbesuchsrad natürlich weiter. Und da in der imaginären Topografie des Marktgeländes auch mindestens eine Aufreißmeile zu finden ist, kommt es, dass etliche Liebschaften hier ihren Ausgang nehmen. Selten im nüchternen Zustand und mit den entsprechenden Folgen; nie sind die Linzer Hebammen unausgeschlafener als 9 1/2 Monate nach einem Urfahraner Markt. Der, wie du wissen musst, zweimal im Jahr stattfindet. Im März und im August geht es dann in der Landesfrauenklinik hoch her. Das erklärt auch die überproportionale Anzahl an Fischen und Löwen." Sie lachte.

„So, mein lieber Sebastian. Bevor wir uns rüber machen, trinken wir noch was. Man braucht einen Pegel, wenn man ans andere Ufer geht. Sie steuerte einen Würstelstand an. „Teilen wir uns ein Bier?" Sebastian nickte. Er fand, dass dem Bier etwas von einem Initiationstrank innewohnte, wenngleich er nicht wusste, welcher Gruppe er damit angehörte. Hochgestimmt gingen sie über die Brücke. Mit jedem Schritt jahrmarktete es mehr. Elsa meinte, dass sie jetzt bald auf interessante Begegnungen hoffen dürften. Marodierende Jugendbanden aus dem Mühlviertel, denen Linz den ehrenden Beinamen als *Chicago Österreichs* verdanke. Oder die Gruppe der sogenannten ewigen Besucher. Elsa blieb stehen. „Der da zum Beispiel." Sie deutete auf einen Herrn, der sich mit einem Schwall, dessen Intensität eine Jahrmarktnummer für sich gewesen wäre, in die Donau erbrach. Sie kannte ihn. „Na? Wieder zu lange in der Met-Hütte gesessen? Oder bringen wir Hugin und Munin ein kleines Opfer dar?" Der Herr reiherte weiter. Es war erstaunlich, wie viel der an sich schmächtige Mann im Magen hatte. „Was kann ich mir unter Hugin und Munin vorstellen?", wollte Sebastian wissen. „Lokale Fischarten?" „Raben", korrigierte Elsa, „Odins Raben." Man muss nicht alles verstehen, dachte er. „Ein Kollege?", fragte er noch. „Zeichnen kann er nicht, wenn du das meinst." Es klang giftig. Ihm kam in den Sinn, dass er vielleicht Zeuge einer im Bereich des Aktionismus angesiedelten künstlerischen Intervention geworden war. Die Vorstellung löste einen Lachkrampf aus. Die Tränen rannen ihm über das Gesicht, er musste sich am Geländer festhalten. Elsa verschränkte die Arme. „Können wir jetzt endlich weiter?" Der schmächtige Herr, der sich in der Zwischenzeit vollständig entleert hatte, rief ihnen etwas nach. Es klang wie ein Krächzen. „Was hat er gesagt?" „Weiß ich nicht. Wahrscheinlich ein markomannischer Fluch."

Der Eingangsbereich des Jahrmarktes, ein mit Planen bespannter Bogen, machte einen bescheidenen Eindruck. Vor ihnen ging eine Gruppe, die sich durch ihre roten Jacken als Mitglieder des Kleintierzuchtvereins eines Ortes zu erkennen gab, der Sebastian nicht geläufig war. „Wo liegt das?", fragte er. „Vukojebina", sagte sie. „Das heißt?" „Man könnte es mit: *Wo sich Fuchs und Hase Gute Nacht sagen* übersetzen." Sie bummelten die Verkaufsstände entlang, von einer buddhistisch anmutenden

Bedürfnislosigkeit erfüllt. In diesem Zustand gelangten sie zum Festzelt. „Wollen wir uns das ansehen?" fragte er. Elsa zuckte mit den Schultern. Er stieß die Tür auf. Drinnen war es laut, überfüllt, verraucht, der Bierdunst hing schwer über den Köpfen. Nichts davon hätte ihn gestört. Aber die Musik war entsetzlich und entsprach seiner akustischen Vorstellung ewiger Verdammnis. Auf der Bühne standen drei Herren in Lederhosen, die mit festgefrorenem Lächeln Höllenklänge produzierten: *Schlager ist geil ist so mega hammergeil Das geht ab und das geht rüber und wir singen immer wieder Schlager ist geil.*

Die Musik berührte verschiedene Ebenen des Schmerzes, physisch wie psychisch. *Schlager ist geil. Er macht jede Party steil Wenn es klingt nach Barbados werd' ich immer atemlos Diesen Song für unser Leben wird es immer immer geben Schlager ist geil.*[2] Er überlegte, wie lange er es in dem Zelt aushalten würde. Fünf Minuten? Zehn? Seine Erleichterung war groß, als er sah, dass Elsa von sich aus kehrtmachte. Draußen rauchten sie eine Zigarette. Er fand es schön, dass sie ihm ihre Schachtel anbot und Feuer gab. Doch dann ritt ihn, wie so oft, wenn er gerade noch einmal davongekommen war, der Teufel. „Irgendwie schade, dass du nicht bleiben wolltest. Die Band war phantastisch. Haben sich die Seele aus dem Leib gespielt die Burschen. Einstürzende Jahrmarktszelte. Wird man sich merken müssen." Auf Elsas Stirn wurden Falten des Unmuts sichtbar. Ich sollte aufhören, dachte Sebastian. Es könnte der Anfang eines Ausbruches sein. Inzwischen war der Kleintierzuchtverein aufgetaucht, der das Zelt im Gänsemarsch betrat. Durch die geöffnete Türe drang Musik. Natürlich ein Schlager. Er glättete die Unmutsfalten auf Elsas Stirn. Bei Sebastian bewirkte er das Gegenteil.

Wir lebten im Pech in Hütten aus Blech Bonanza ohne Colt ohne Pferd war das Leben nichts wert wir waren übel dran Dann kam ein Tag wie ein Donnerschlag Bonanza Unser Mut kam zurück und ein Leben im Glück auf neuem Land begann

„Wir können gerne noch mal reingehen, Mr. Cartwright", meinte Elsa. „Sie spielen dein Lied." Sebastian senkte den Blick. Nach der Zeile *Korn und Vieh, gedieh wie nie, Ponderosa Farm sattelfest im Wild West stark und nicht mehr arm*[3] war der letzte Kleintierzüchter im Zelt. Die Tür ging zu, das Lied brach ab. Sebastians buddhistischer Gleichmut war beim Teufel. Er fühlte sich gedemütigt. Auch plagte ihn der Hunger. Als Mensch mitteleuropäisch-katholischer Prägung obsiegte Letzteres. „Wollen wir etwas essen?" fragte er, wobei er ihr den Arm anbot. Sie hakte sich ein. „Wonach steht dir denn der Sinn? Deftiges oder Süßes?" „Ich überlasse die Entscheidung dir." „Gut. Nachdem wir vermutlich noch einiges trinken werden, würde ich sagen, nichts, was den Magen verklebt. Keine Schaumrollen, keine Kokusbusserl, keine Zuckerwatte. Bleiben

---

2 KLUBBB3: Schlager ist geil. Zit. nach: *musixmatch.com>songtext*, abgerufen am 12.10.2016.
3 Bruce Low: Bonanza. Zit. nach: *songtexte.com>l>Low, Bruce*, abgerufen am 13.10.2016.

S. 130

die Klassiker Würstel, Hendl oder Steckerlfisch. Wobei Hendl ein vergleichsweise junger Klassiker ist. Das hat der Jahn auf den Jahrmarkt gebracht." „Der Turnvater Jahn?", fragte Sebastian. „Der Hendl-Jahn, nicht der Turnvater. Der, der die Wienerwald-Kette gegründet hat. Du weißt schon: *Heut Abend bleibt die Küche kalt, denn Mutti geht zu Wienerwald.* Oder so ähnlich. Der war Linzer. Also, Herr Cartwright, wonach steht dir der Sinn?" Sebastian behagte diese Kombination aus Familiennamen und Duzen überhaupt nicht. Doch hatte er eine dunkle Erinnerung, dass diese Problematik bereits in einem von ihm vor vielen Jahren mit einiger Begeisterung gelesenem Buch thematisiert worden war.[4] Da er annahm, dass auch Elsa mit dem Inhalt des Romans vertraut sein könnte, schwieg er. Und sagte lediglich „Wurst." Sie führte ihn zu dem Stand ihres Vertrauens, wobei sie anmerkte, dass man in Oberösterreich Wurst an sich fast immer ohne Bedenken essen könne. Bereits im ersten Semester ihres Linzer Kunststudiums habe sie, ein von Berchtesgaden kommendes Landei, festgestellt, dass Österreich (sie sagte: *eure Republik*) ein auf dem Wurstsektor bipolar ausgerichtetes Land sei, in dem die Enns nach wie vor als Demarkationslinie fungiere. Östlich des Flusses sei die Qualität meist schlecht, der Verzehr oft mit Gefahr verbunden, westlich so gut wie nie. Sebastian fand es bedauerlich, nicht Kunst studiert zu haben. Dann widmete er sich der Speisekarte. Er war von einer kindlichen Begeisterung erfüllt, als er eine Wurst entdeckte, die *Kafka* hieß. „Kafka", sagte er immer wieder, „ein ausgesprochen glaubwürdiger Name. Wo zwischen den Därmen doch immer das Grauen wohnt." Er strahlte. Die beiden aßen mit gutem Appetit. Natürlich tranken sie auch. *Alles, was gegessen wird, ist Gegenstand der Macht*[5], zitierte er. „Wippersberg, Fest des Huhnes?", fragte sie. „Kann sein." Sebastian war sich nicht mehr sicher. Gerne hätte er gerülpst und mit einen Zahnstocher hantiert. Er war vom Geist des Jahrmarktes bereits wundersam umfangen. „Ich denke", sagte Elsa, „wir brauchen jetzt einen Zerhacker." Sie ging Richtung Budel. Das ausschenkende Personal glich den Verteidigern einer Stadt, die von einer hoffnungslosen Übermacht belagert wird. Er sah, wie sich Elsa gewaltsam nach vorne kämpfte und nach Obstlern rief. Es war erstaunlich, wie weit ihre Stimme trug.

Am Nebentisch nahm eine Familie Platz, Vater, Mutter, drei erwachsene Kinder. Das Oberhaupt erging sich in Erinnerungen an einen gewissen Onkel Pepi. Die anderen Familienmitglieder schauten gequält. Sebastian erfuhr, dass der Verblichene in

Friedrich Jahn („Hendl-Jahn", der Erfinders der Kette „Wienerwald") bringt mittels Hubschrauber Bier aus dem Münchner Hofbräuhaus zur Eröffnung des Urfahraner Marktes, 1972, Fotografie, Oberösterreichische Nachrichten.

4 Regener, Sven: Herr Lehmann. München 2003, S. 42.
5 Canetti, Elias: Masse und Macht. Frankfurt/Main, S. 257.

Jubeltrubel.

den 1970ern einen Urfahraner-Markt-Rekord im Wettessen aufgestellt hatte: Eineinhalb Meter Blunzen mit Kraut. Danach schien es einige Tage zwar so, als ob der Onkel draufgehen würde, aber es hatte sich trotzdem ausgezahlt; über einen Meter zwanzig war kein Herausforderer mehr hinausgekommen. Und das ohne Kraut! Der Vater meinte, er sei stolz, einer Familie anzugehören, die Leute wie Pepi hervorgebracht hatte. Und traurig, dass es Wettbewerbe wie diesen heute nicht mehr gebe. Verboten, wie bald das Rauchen, das Trinken und das zu sagen, was man denke. Die Zeiten wären zum Heulen; er jedenfalls wisse, wen er das nächste Mal wähle. Es klang bitter.

S. 128

Er nahm einen tiefen Schluck, wischte sich den Schaum vom Schnauzer, sah sich um. Sein Blick blieb an Sebastian hängen. Er schüttelte den Kopf. Der Markt sei nicht mehr das, was er einmal war. Nicht nur wegen Pepi. Einfach die falschen Leute. Wenn er an früher denke! Früher war es besser. Die Miss-Urfahraner-Markt-Wahlen. Die Ilse! Die Johanna! Die Sunhild! Na und erst die Strip-Bude! Prächtige Weiber! Ordentlich Holz vor der Hütten. Und hinten auch. Seine Frau versetzte ihm einen Stoß. „Entschuldige, Mama!" Er drückte ihr einen schmatzenden Kuss ins Gesicht, ehe er fortfuhr. „Aber denk an die Ringkämpfe, Mama! Die Ringer haben dir doch auch gefallen!" Die Gattin lächelte versonnen. Naja, der Strogoff war schon ein Mannsbild ... *Iwan, der Schreckliche* hat er geheißen, erklärte das Familienoberhaupt. Ob sich die Kinder noch an *Klein Helmut* und *Bimbo* erinnern könnten, den kleinsten und den größten Mann der Welt? Die Kinder konnten. Und an den Fakir, den *Ben Ghou Bey*, der sich Schwerter und Nadeln durch die Zunge gestoßen habe? Die Kinder schüttelten den Kopf. Eines schielte nach der Uhr. Dann möchte er einmal wissen, wozu er überhaupt den teuren Eintritt bezahlt habe, meinte das Oberhaupt erbost.

S. 92

Es war großes Theater, ja Welttheater, und Sebastian empfand es als Störung, als ihm Elsa den Schnaps auf den Tisch knallte. „Da mein Lieber! Den trinken wir jetzt erst einmal! Und dann sagst du mir, wie du heißt. Wie du wirklich heißt." Sie prostete ihm zu. Er prostete zurück. „*Nie sollst du mich befragen*[6], liebe Elsa. Es ist auch nicht sonderlich spannend. Viel interessanter ist die Geschichte, die mir gerade eingefallen ist. Es geht um Adolf Hitler." „Das passt zu Linz." „Ja, auch zu Berchtesgaden", meinte er trocken.

Striptease-Bude, 1978, Fotografie, Oberösterreichische Nachrichten. Eine Striptease-Bude ging einmalig am Herbstmarkt 1978 in Betrieb.
Klein Helmut – Clown des Circus Krone mit seinem Lieblingspony, 1950er-Jahre, Autogrammkarte, Circus- & Clownmuseum Wien.

6   Wagner, Richard: Lohengrin, Erster Aufzug, Dritte Szene.

„Also, der Hitler hatte doch diesen Jugendfreund, den August Kubizek. Mit dem ist er in seiner Linzer Zeit regelmäßig ins Landestheater gegangen. Er schrieb später, er ‚empfinde es heute als besonderes Glück, daß mir durch die Bescheidenheit der provinzialen Aufführung die Möglichkeit einer späteren Steigerung erhalten blieb.'[7]

Eines Abends besuchen sie eine Vorstellung von Lohengrin. Und gehen nachher noch auf irgendeinen dieser Hausberge und der Hitler hält einen seiner Monologe und der Kubizek ist geistig abwesend, und der Hitler merkt das und wird zornig, weil ihm der Kubizek nicht zuhört. Und fragt mit unwirscher Stimme: ‚August, was ist?' Und der Kubizek deutet ans andere Ufer und meint, dass er gerne zum Urfahraner Markt gehen würde. Worauf der Hitler einen seiner Anfälle bekommt und zu schreien beginnt, dass er so etwas unter keinen Umständen dulde, ein Jahrmarktbesuch nach einer Wagneroper; aber der Kubizek kennt das schon und lässt ihn sich erst einmal ausbrüllen. Dann sagt er, dass er noch zwei Kronen und 89 Heller hat und alles zahlen würde. Worauf der Hitler sagt: ‚Na gut.' Dann gehen sie hinüber und der Hitler meint, die Brücke sei kein Zustand, wenn er erst einmal Linzer Bürgermeister sei, dann ließe er sie abreißen und baue eine Neue. Er habe auch schon einen Namen: Nibelungenbrücke."

„Linzer Bürgermeister?", unterbrach Elsa. „Das kommt mir unwahrscheinlich vor." Sebastian ließ sich nicht beirren. „Er war damals eben noch nicht so ambitioniert. Das ist er erst in Deutschland geworden. Aber die eigentliche Geschichte kommt erst. Denn auf dem Jahrmarktgelände mault der Hitler weiter, es sei ein Skandal, da lebe man im 20. Jahrhundert und hier gebe es weder elektrisches Licht noch Kanalisation, finster sei es und stinken würde es und an dieser Stelle zupft ihn der Kubizek am Ärmel und macht ihn auf einen Schießstand aufmerksam. Der Hitler murmelt etwas von völkischer Wehrertüchtigung, sie beziehen Position, legen an und jeder gibt drei Schüsse ab. Und dann händigt der Budenbesitzer dem Kubizek die Papierrosen aus und sagt „Respekt, dreimal ins Schwarze, das ist selten" und zu Hitler sagt er „Sie haben leider nichts getroffen". Und der Hitler ist vor Zorn ganz blass geworden, er hat zwar nichts gesagt, aber er hat es dem Kubizek nie verziehen. Sie sind später noch gemeinsam nach Wien und haben dort kurz ein Untermietzimmer geteilt, aber das zwischenmenschliche Verhältnis war beschädigt. Irreparabel beschädigt. Jahrzehnte später hat ihn der Hitler, da war er schon Führer und Reichskanzler, zu den Bayreuther Festspielen eingeladen und zu Kubizek gesagt: „Jaja, Sie waren dabei, als es begann. In Linz." Das wurde als hohe Auszeichnung wahrgenommen. Beruflich hat er ihn allerdings nicht hochkommen lassen, der Kubizek ist bis zu seiner Pensionierung Kapellmeister in Eferding geblieben."

---

7 Hitler, Adolf: Mein Kampf. München 1933, S. 15.

Jubeltrubel.

„Eferding ist hart", sagte Elsa. „Aber die Geschichte, die du mir da aufgetischt hast, ist doch von vorne bis hinten erlogen." „Das kann schon sein", räumte Sebastian ein. „Aber nicht von mir. Ich gebe nur wieder, was in der Biographie vom Kubizek steht.[8] Und jetzt hole ich uns noch einen Schnaps."

Nach dem Schnaps wurde Elsa unruhig, sie begann mit den Fingern auf die Tischplatte zu trommeln. Sebastian vermeinte, ein Leitmotiv aus Lohengrin herauszuhören. Er wusste, dass das lächerlich war. Der Lärmpegel war viel zu hoch, um etwas herauszuhören. Langsam begann ihm die Kontrolle zu entgleiten. „Wir sind noch mit gar nichts gefahren", sagte Elsa. „Womit wollen wir anfangen?" Sebastian, der schon als Kind kein Freund von Fahrgeschäften gewesen war, schlug eine Runde Autodrom vor. Es erschien ihm in seinem Zustand als am vergleichsweise ungefährlichsten. „Bei uns daheim heißt das Stoßauto", erklärte Elsa. Eine ausgezeichnete Idee. Ganz ausgezeichnet.

Beim Autodrom herrschte rege Betriebsamkeit. Die beiden stellten sich um Jetons an. Vor ihnen in der Schlange stand ein Mann in Tracht. Er war kahlköpfig und Sebastian hatte größte Schwierigkeiten, einen Impuls zu unterdrücken, der schon seinem Großonkel oder Urgroßonkel zu schaffen gemacht hatte: Ihm auf die Glatze zu schlagen, um zu sehen, ob wie bei einem Bovisten Staub aufsteigt.[9] Elsas Augen verengten sich schlitzförmig, als sich der Mann umdrehte. Sein Gesicht wies ihn als schlechten Fechter einer schlagenden Studentenverbindung aus. Er schien eine lokale Größe zu sein; Sebastian hörte, wie hinter ihnen über ihn getuschelt wurde. Der Mann winkte einem Fotografen, ehe er in ein kornblumenblaues Gefährt stieg. Dieses hatte auf Elsa eine ähnliche Wirkung wie das Tuch auf den Stier – sie rammte es, wann immer sich eine Möglichkeit bot. Nachher erklärte sie Sebastian, der in seinem Wagen eine sehr tölpelhafte Figur abgegeben hatte, wer der Kahle gewesen war. Aber Sebastian war nicht ganz bei der Sache, weil er ständig an den Satz eines französischen Naturalisten denken musste: *Der Kopf war eierförmig ganz in die Höhe gegangen.*[10] Und irgendwie tat ihm der Mann auch leid, weil er mit einem Vornamen behaftet war, den man seit dem Erscheinen des Buches *Wir Kinder vom Bahnhof Zoo* eigentlich nicht mehr vergeben sollte. Und außerdem begann sein Magen zu rumoren und sein Kopf dröhnte und er sagte barscher als beabsichtigt, dass er jetzt genug habe, genug vom Alkohol und vom Lärm und der ganzen Reizüberflutung an sich. Er gehe jetzt, denn er habe nicht vor, es diesem Rabenfütterer gleich zu tun. Er danke für den schönen Abend, aber er müsse jetzt zum Bahnhof. Und Elsa sah ihn aus ihren großen, etwas verschatteten

---

8   Kubizek, August: Adolf Hitler mein Jugendfreund. Graz 1953. Der Verdacht Elsas sollte sich im Übrigen bestätigen. Sie besorgte sich das Buch, in dem es keinen wie auch immer gearteten Hinweis auf die von Sebastian geschilderte Begebenheit gibt.
9   Vgl.: Fleischer, Wolfgang: Das verleugnete Leben. Die Biographie des Heimito von Doderer. Wien 1996, S. 452.
10 Huysmans, Joris-Karl: Tief unten. Zürich 1987, S. 143.

Augen an und sagte: „Der nächste Zug geht in fünf Stunden. Viel Spaß bei den Löwen." Doch dann hatte sie Mitleid; wie er dastand, mit hängendem Kopf, erschöpft und mutlos. Sie bugsierte ihn in ein Taxi und setzte ihn bei der Pension *Zum finsteren Stern* ab.

Sebastian erwachte am nächsten Tag in einem beklagenswerten Zustand. Das Gesicht im Spiegel war aufgedunsen, es wirkte so, als wäre es von einer missgünstigen Gottheit aus einer fleckigen Kartoffel geschnitzt worden. Bei dem Gedanken, dass die Dicke Mitzi tagtäglich in Hunderte solcher Gesichter geblickt haben musste, überkam ihn eine tiefe Traurigkeit. Anschließend duschte Sebastian, trocknete sich ab, roch an dem Hemd und bedauerte, kein Wechselgewand mitgenommen zu haben.

Zu seiner Überraschung saß Elsa im Frühstücksraum. Sie rauchte. „Na, auch schon unter den Lebenden? Schnell ein Wurstbrot und dann los." Sebastian winkte ab. „Gehen wir doch gleich." „Du musst doch was frühstücken." Elsa schüttete ein Päckchen Alka-Seltzer in ein Glas Wasser. Er war über so viel Fürsorge dankbar. Sie erklärte, dass sie nachgedacht habe, und sich vorstellen könne, bei der Graphic Novel mitzumachen. Es gebe da ein Projekt an ihrer Uni, *Jubeltrubel* heiße es, und beschäftige sich mit dem Urfahraner Markt, der bald sein 200-jähriges Jubiläum feiern wird. Jetzt sei *Jubeltrubel* kein guter Name; sie wisse schon, ein Kunstname eben, der um 1900 für Kirmes, Jahrmarkt und Ähnliches in Gebrauch war. Mit der Mitzi könne man jedenfalls etwas anfangen – sie würde sie als leidendes, in seiner körperlichen Masse gefangenes Individuum anlegen ... und so ging es weiter bis zu einer an Tarantino erinnernden Begegnung mit Adolf Hitler, der die Mitzi angewidert zur Entfettungskur einliefern lässt. Und Sebastian wurde ganz anders, weil Elsas Entwurf so gar nichts mit dem Leben und seinen Vorstellungen von der Dicken Mitzi zu tun hatte, die ein sehr heiterer und fröhlicher, noch dazu mit einem ausgezeichneten Schmäh ausgestatteter Mensch gewesen war. Und plötzlich wollte er nur noch hinaus, sprang auf und stolperte auf die Straße. Das Wetter hätte fürchterlicher nicht sein können: strahlende Sonne, wolkenloser Himmel. Es war schrecklich. Er zog sich die Baskenmütze ins Gesicht und lief in die Richtung, in der er den Bahnhof vermutete.

Werbeprospekt für die Adam-und-Eva-Schau am Urfahraner Markt, 1950er-Jahre, Archiv Karlheinz Straßmeier.

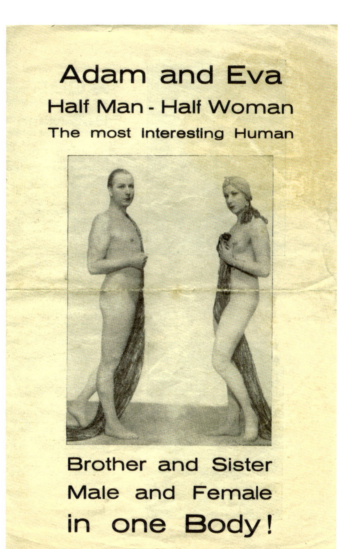

Bauernkapelle „Orig. Linzer Buam" im Gastgarten und Veranstaltungssaal Kleinmünchen, um 1935, Ansichtskarte, Archiv Elisabeth Nowak-Thaller.
Kapellmeister Heini Schramm, rechts mit der Trompete der zukünftige Kapellmeister Robert Thaller.

Kapellmeister Robert Thaller, der gerne selbst als Trompetensolist agierte, um 1970, Fotografie, Archiv Elisabeth Nowak-Thaller.

Foto Bergsteiger, Die Linzer Buam unter der Leitung von Robert Thaller (hinten Mitte) mit Meisterjodlerin Annemarie „Annamirl" Leitner, um 1952, Fotografie, Archiv Elisabeth Nowak-Thaller.

Torero-Nummer, um 1960, Fotografie, Archiv Elisabeth Nowak-Thaller.
Annemarie Leitner bei der legendären Torero-Nummer, in welcher der Stier immer dem weiblichen Torero unterlag.

Kurt Römer, **Bieroper von Franz Kinzl am Urfahraner Markt**, 1960, Fotografie, Oberösterreichische Nachrichten.

Photo Schoft, **Linzer-Buam-Zirkus**, 1950er-Jahre, Fotografie, Archiv Elisabeth Nowak-Thaller.

Showblock der Linzer Buam am Urfahraner Markt mit dem Kulissenhaus im Hintergrund,
1960er-Jahre, Fotografie, Archiv Elisabeth Nowak-Thaller.

Mario Catena, **Ein Ständchen des Linzer-Buam-Chefs für Miranda Martino und Betty Curtis**,
Willi Riepl (Trompete), Robert Thaller (Harmonika), Rom, 1960, Fotografie, Archiv Elisabeth Nowak-Thaller.

Oskar Prokosch, **Der Olympiasieger Ernst Hinterseer mit Robert Thaller und Walter Heinisch am Urfahraner Markt**, 1960, Fotografie, Archiv Elisabeth Nowak-Thaller.

Pontificia Fotografia Felici/Rom, **Die Linzer Buam bei der Papstaudienz in Rom**, 1960, Fotografie, Archiv Elisabeth Nowak-Thaller.

Foto Sigl, **Robert Thallers zweite Linzer-Buam-Truppe**, damals kurzfristig unter der Leitung von Edi Matzer, der sich bald selbstständig machte. Im Vordergrund der Posaunist und Kapellmeister mit Sängerin Paula, um 1960, Fotografie, Archiv Elisabeth Nowak-Thaller.

Paul Engert, **Karel Gott als Gastdirigent bei den Linzer Buam**, 1970er-Jahre, Fotografie, Archiv Elisabeth Nowak-Thaller.

Hale Habermann, **Die Linzer Buam in Amerika**, 1968, Fotografie, Archiv Elisabeth Nowak-Thaller.

Markowitsch (Foto)/Thron (Grafik), **Volksfest mit den Linzer Buam**, 1960er-Jahre, LP-Cover, Philips, Archiv Elisabeth Nowak-Thaller.

W. Scherlinger, **Die Linzer Buam**, Hali Hallo, 1974, LP-Cover, Ariola, Archiv Elisabeth Nowak-Thaller.

Fremdenverkehrsverband Linz, **Spitz'nMusi mit den Linzer Buam**, 1980er-Jahre, LP-Cover, Amadeo, NORDICO Stadtmuseum Linz.

„Drum san ma Landsleut, Linzerische Buama!"
Die Linzer Buam – eine Erfolgsgeschichte vom Urfahraner Markt

Elisabeth Nowak-Thaller

Erste Erinnerungen aus meiner Kindheit: Schauplatz Linz, Lederergasse 94: Es ist Frühjahr, die intensiven Proben für die kommende Gastspielsaison von Kapellmeister Robert Thallers Linzer Buam stehen an. Einmal wöchentlich am Abend finden vor Tourneebeginn die Proben bei uns zu Hause statt. Zwei Jahrzehnte, zwischen 1960 und 1980, sind die Linzer Buam auch ein Teil meines Lebens gewesen. Die kleine „Sissy", wie alle Musiker mich nennen, die Tochter des Kapellmeisters „Bertl", darf dabei sein. Aktuelle Lieder und Hits müssen einstudiert, das bewährte Repertoire geprobt werden. Neue Gags und Shownummern werden ausprobiert oder überhaupt erst ausgedacht. Immer mehr Musiker mit ihren Instrumenten trudeln ein, unter ihnen „Tante Mimi", die berühmte Sängerin Annemarie Leitner, die einzige Frau in der Männertruppe. Es ist eine aufregende Zeit für mich: Live-Musik bis 22 Uhr im eigenen Haus! Immer wieder erklingen neue Märsche, klassische Ouvertüren, Schlager, dann eine Pause, mein Vater hat mit seinem Taktstock abgewunken. Gemurmel, Wiederholung einer musikalisch nicht perfekten Passage. Mein Kinderzimmer befindet sich direkt über dem Probenraum. Ich liege im Bett und horche und warte auf meine Lieblingslieder: *I bin aus Oberösterreich, A resche Linzerin* … und langsam schlafe ich ein.

Der Urfahraner Markt hat meine Kindheit bestimmt, ich war in den Festzelten zu Hause, saß dort in der ersten Reihe, oder, noch besser, hinten auf der Bühne, mitten im Trubel, im Herz des Urfahraner Marktes. Es gab endlos Zuckerwatte, Pommes, Türkischen Honig, Bratwürstl, Grillhendl und das Allerwichtigste: viele bunte Chips für Autodrom, Geisterbahn, Kasperltheater und die große Bootsschaukel.

Die Klänge der Linzer Buam auf Bühnen und in Festzelten sind mittlerweile lange verstummt. Doch dank youtube, Langspiel-Platten sowie Volksmusiksendungen im Fernsehen oder Rundfunk bleiben viele Hits, allen voran der *Linzer Buam Marsch*, das *Mühlviertler Land* oder *I bin aus Oberösterreich,* unvergessen. Der *Linzer Buam Marsch* – vom Wiener Kapellmeister und Komponisten Carl Wilhelm Drescher komponiert und von Hans Mahr arrangiert – ist mehr, als nur Urfahraner Markt-Hymne und Bierzeltklassiker, er gehört zum fixen Repertoire österreichischer Blas- und Volksmusik. 424 000 Zuschauer haben die neu moderierte Silvester-Stadlshow 2015 gesehen, die nach Andy Borgs Abschied die vorerst letzte „Mega-Party für die Masse" in einer langen Serie von erfolgreichen Samstagabend-Musikantenstadl-Übertragungen war. Der Stadl wurde aus Linz übertragen und der *Linzer Buam Marsch* wurde von einer oberösterreichischen Blaskapelle als Reminiszenz an den ersten Stadl überhaupt vorgetragen, denn: Die Linzer Buam, die in unterschiedlichen Formationen über Jahrzehnte als internationale musikalische Botschafter ihrer Heimatstadt fungierten, waren, als

Karl Moik seinen allerersten Stadl im März 1981 moderierte, selbstverständlich bei der Geburtsstunde dieses Erfolgsformates mit von der Partie! Doch der Reihe nach.

DIE GRÜNDUNG DER LINZER BUAM

Da es in der Zwischenkriegszeit für Berufsmusiker in Linz kaum Beschäftigungsmöglichkeiten gab – Künstler des Linzer Landestheaters und mit ihnen sein Stammorchester trafen sich ab April 1933 oft beim Arbeitsamt – kam dem Linzer Posaunisten und Cellisten Franz Ernstreiter, der in bayerischen Kapellen bei Volksfesten engagiert war, die Idee, eine folkloristische Blaskapelle im Stil der erfolgreichen bayerischen Volksfestkapellen zusammenzustellen.

Die ersten Proben fanden 1934 im Gasthaus „Zum Grauen Wolf" in Urfahr statt. Der engagierte Klarinettist Heinrich Schramm übernahm die Leitung. Die Feuertaufe des neuen Orchesters – eine Donauschifffahrt – verlief in Anwesenheit des Rundfunks so erfolgreich, dass Andreas Reischek, Leiter der Abteilung Volksmusik, dem jungen Orchester umgehend weitere Radiosendungen in Aussicht stellte. Kurzentschlossen engagierte der geschäftstüchtige Wirt des Gasthauses „Zur Schießstätte" in Kleinmünchen, der sich unter den Gästen befand, an den Sommer-Wochenenden die neue Kapelle für Konzerte in seinem Gastgarten. Das Orchester war bereits bei den ersten Auftritten sehr beliebt, ein Name war aber noch nicht gefunden, auch eine gemeinsame Auftrittsgewandung fehlte. Da es in dieser ohnedies schwierigen Zeit am Notwendigsten mangelte, entschlossen sich die Musiker rasch zu einer für alle praktikablen Lösung: Fast jeder von ihnen besaß eine kurze Lederhose, ebenso ein weißes Hemd und weiße Wadlstutzen, dazu kreierte man kurzerhand einen Hut mit Feder und eine grellrote Weste - ein ärmelloses Gilet, das einfach zu nähen war, mit goldenen Knöpfen – keine teure Tracht, sondern ein für jeden Musiker leistbares Outfit. Es war der Linzer „Schießstätten"-Gastwirt, der ausrief: „Ihr seid doch lauter fesche Buam, nennt euch doch Linzer Buam." Noch im selben Jahr, 1934, wurde kräftig die Werbetrommel gerührt und die Auftritte der Linzer Buam mit Tanz im Kleinmünchner Musikpavillon vor 3 000 (!) Besuchern an den Wochenenden entwickelten sich zum Publikumshit. Schon bald wurde die neue Orchestertruppe auch beim Welser Volksfest im großen Bierzelt der Poschacher Brauerei engagiert. Die ersten Auslandsgastspiele fanden 1936 und 1937 auf der Laibacher Messe statt, bald folgte eine Einladung zur Rundfunkausstellung nach Berlin. Weitere Engagements ergaben sich für die Klagenfurter Messe und – 1937 und 1938 – erstmals für den Urfahraner Markt.

Mit dem Ausbruch des Zweiten Weltkrieges veränderte sich das Leben der Musiker grundlegend. Große Unterhaltungsfeste waren untersagt und fast jeder Linzer Bua wurde in den Kriegsdienst eingezogen. Neben vier Linzer Buam kehrte auch der erste Kapellmeister Heinrich Schramm (gefallen an der Ostfront 1942/43) nicht mehr aus dem Krieg heim. 1948 stellte Fritz Schramm, Heinrichs Bruder, rasch wieder eine Kapelle zusammen, die sich wie zuvor „Original Linzer Buam" nannte. Diese wurde bis 1976 erfolgreich von Karl Reischl geleitet. Kurz darauf, im Sommer 1950, gründete Robert Thaller, Gründungsmitglied von Heinrich Schramms Linzer Buam und vor dem Krieg Trompeter am Linzer Landestheater, mit den noch verfügbaren Musikern und Freunden der Vorkriegskapelle, zu denen auch Edi Matzer gehörte, die zweiten Linzer Buam. Diese, später vorwiegend im Ausland höchst erfolgreiche Formation konnte an die ersten Erfolge des Orchesters nahtlos anschließen. Das ohnehin vielfältige Musikprogramm wurde noch erweitert. Edi Matzer arrangierte viele neue Potpourris und Walter Heinisch wurde als Stimmungssänger und Showman angeheuert. So dauerte es nicht lange, bis die Linzer Buam nach dem Zweiten Weltkrieg zunächst in St. Pölten, dann beim Welser Volksfest und schließlich ab dem Frühjahr 1951 beim Urfahraner Markt im Festzelt von Hans Hofstetter sen., später Hans-Lothar Hofstetter, nicht nur große Erfolge feiern, sondern ausgehend vom Urfahraner Markt eine internationale Karriere aufbauen konnten.

S. 109

Das Programm der damals 15-köpfigen Kapelle punktete mit einem breiten Musikrepertoire: Ouvertüren aus allseits beliebten österreichischen Operetten, Walzer, viele bekannte Militärmärsche, Volkslieder und Ländler, aber auch populäre Schlager und Jazz-Evergreens. Die Kapelle war der Konkurrenz nicht nur durch die Vielfalt des Musikprogramms überlegen. Zusätzliche Unterhaltung boten die neu einstudierten Showeinlagen, wie das 1933 komponierte, schräge Schlagerlied von Oskar Joost *Tante Anna* oder von Augustin Egen *Wenn die Elisabeth nicht so schöne Beine hätt*. Diese Radiohits der 1930er-Jahre wurden witzig und selbstverständlich noch ohne Mikrofon interpretiert und rissen das Bierzelt-Publikum zu Begeisterungsstürmen hin. Auch der Evergreen der Folklore-Unterhaltungsnummern, die beliebte Schuhplattler-Performance, begleitet vom *Tiroler-Holzhacker-Buam-Marsch* durfte bei den ersten Auftritten nie fehlen.

Das Ausnahmetalent Annemarie „Annamirl" Leitner, am Linzer Bruckner-Konservatorium ausgebildete Sängerin und

S. 109

Bauernkapelle „Orig. Linzer Buam" im Gastgarten und Veranstaltungssaal Kleinmünchen, um 1935, Ansichtskarte, Archiv Elisabeth Nowak-Thaller.
Foto Bergsteiger, **Die Linzer Buam unter der Leitung von Robert Thaller (hinten Mitte) mit Meisterjodlerin Annemarie „Annamirl" Leitner**, um 1952, Fotografie, Archiv Elisabeth Nowak-Thaller.

S. 110

Jodlerin mit internationaler Erfahrung, heuerte zu Beginn der 1950er-Jahre bei den Linzer Buam an. 1952 trat sie im riesigen Festzelt am Urfahraner Markt zum ersten Mal auf und ihr Start mit großer Kapelle – es war damals völlig unüblich, eine Sängerin zu lautstarker Blasmusik einzusetzen – war ein Riesenerfolg. Sie hatte nicht nur eine hervorragende Stimme, sondern war auch als Schauspielerin bei den Schaunummern unübertroffen. Annemarie Leitner schrieb selbst viele Jodler und Lieder, auch dichtete sie leidenschaftlich und zwei ihrer Kompositionen *I bin aus Oberösterreich* und *A resche Linzerin* wurden erstmals am Urfahraner Markt zu Hits. Diese Lieder, bis heute Radiohymnen der Volksmusik, wurden von anderen Sängerinnen später „gecovert" und von verschiedenen Plattenproduzenten wieder und wieder neu aufgenommen. Zu den beliebtesten Schaunummern, die zunächst für den Urfahraner Markt kreiert sowie vor Linzer Publikum erprobt wurden und die später um die Welt gingen, gehörten *Die alten Rittersleut* oder die *Torero-Nummer*. Dafür verkleidete sich Annemarie Leitner als spanischer Torero, der einen wild gewordenen Stier, in dem zwei Musikerkollegen steckten, vor dem johlenden Publikum, angefeuert von einem spanischen Paso Doble, hinzustrecken hatte.

LINZER BUAM WERDEN ZU INTERNATIONALEN BOTSCHAFTERN DER DONAUSTADT

S. 109

Der Ruf der Linzer Buam als ebenso unterhaltsame wie qualitätsvolle Showkapelle reichte bald bis weit über die oberösterreichische Landesgrenze hinaus. Nach wiederkehrenden Fixverpflichtungen bei der Klagenfurter Holzmesse und den Welser und Rieder Landwirtschaftsmessen waren permanente Auslandsengagements ab 1958 bei der Fürther Kirchweih mit dem berühmten Komiker Herbert Hisl, dem Straubinger Gäubodenfest, oder im 3 000 Menschen fassenden Festzelt bei den Olympischen Spielen in Rom im Jahr 1960 Highlights. Auch der neue Einsatz von Mikrofonen und Verstärkern trug zum Erfolg des immer internationaler agierenden Orchesters bei. Robert Thaller, der sein Leben auf der Bühne über alles liebte, war nicht nur ein ausgezeichneter Musiker mit Bühnenpräsenz, sondern auch ein geschickter Kulturmanager und gestrenger Kapellmeister, der die Gabe hatte, erstklassige Musiker und Sängerinnen und

Torero-Nummer, um 1960, Fotografie, Archiv Elisabeth Nowak-Thaller.
Kapellmeister Robert Thaller, der gerne selbst als Trompetensolist agierte, um 1970, Fotografie, Archiv Elisabeth Nowak-Thaller.

Sänger für seine Kapelle zu engagieren. So zählten die Startrompeter Toni Maier, Willi Riepl oder der Linzer Andi Bachlechner, die Philharmoniker/Symphoniker-Posaunisten Rudi Josel und Horst Küblböck, der Komponist und Akkordeonvirtuose Werner Brüggemann, der Arrangeur Ossi Cäsar, die Jodler Rudi Koller und Sigi Lüftenegger neben den Sängerinnen Annemarie Leitner (von 1952 bis 1966), Ingrid Brüggemann (ab 1967) und Regina Simader (ab 1971) zur Kerntruppe von Robert Thallers Linzer Buam.

DIE URAUFFÜHRUNG DER „BIEROPER" VON FRANZ KINZL AM URFAHRANER MARKT

In der Winterzeit wurden neue Acts für die kommende Saison, die mit dem Urfahraner Markt startete, erdacht, arrangiert und ausprobiert. Mein Vater traf sich regelmäßig mit dem in Mettmach im Innviertel geborenen Komponisten für symphonische Blasmusik Franz Kinzl (1895–1978), der für die Linzer Buam viele neue Stücke arrangiert und komponiert hatte. Franz und mein Vater diskutierten in Kinzls Stammbeisl in Urfahr nächtelang über ihr neuestes Großprojekt, ihre „Bieroper". Kinzl hatte

S. 110

im Jahr 1960 eine zweieinhalb Stunden dauernde, urkomische Oper komponiert, die für das Bierzelt erheblich gekürzt werden musste. Die Musiker fungierten gleichermaßen als Statisten und Solisten, die Proben waren gewaltig. Auf der Bühne wurde eine Burg errichtet, zwölf Musiker lugten hinter den Zinnen hervor und Kreuzritter kamen Fanfaren schmetternd mit hölzernen Steckenpferdchen auf die Bühne geritten. Die Opernparodie mit dem Titel „Der Keuschheitsgürtel" wurde im Frühjahr 1960 am Urfahraner Markt uraufgeführt. Nach viermaliger Wiederholung in Linz und wenigen Aufführungen in Klagenfurt wurde das aufwendige Stück jedoch wieder eingestellt.

Die Linzer Tageszeitungen berichteten über die allerneueste Sensation des Urfahraner Marktes:

„Im großen Zelt des Festwirtes gibt es heuer auch noch eine besondere Attraktion. Der Komponist Franz Kinzl hat eine saftige komische Oper geschrieben. Unter dem Titel ‚Der Keuschheitsgürtel' läuft ein fröhliches Spiel aus der Ritterzeit ab, und die Linzer Buam unter der Leitung von Kapellmeister Thaller haben viel Idealismus aufgewendet, das gar nicht leichte Werk einzustudieren. Bei aller Gaudi, die diese ‚Bieroper' auslöst, ist das Ganze doch vor allem ein sehr interessantes künstlerisches Experiment. Kinzl hat viele musikalische Raffinessen aufgewendet, auch die köstlichen parodistischen Einfälle zeigen, daß hier weit mehr geboten wird als eine bloße Hetz. Jeden Tag gibt

Kurt Römer, **Bieroper von Franz Kinzl am Urfahraner Markt**, 1960, Fotografie, Oberösterreichische Nachrichten.

es einige Dutzend Musikfachleute, die das Werk aufmerksam verfolgen. Leo Kliegel vom Landestheater hat das Bühnenbild geschaffen, und Annemarie Leitner, Walter Heinisch und Rudolf Koller sind mit der Kapelle die tragenden Säulen der Aufführung. Dieser kühne künstlerische Versuch hat schon großes Interesse gefunden. Nach dem Urfahrer Markt wird das Werk in Klagenfurt aufgeführt werden. Heute um etwa 19 Uhr wird die ‚Bieroper' wieder zu hören sein, und auch für Samstag ist eine weitere Aufführung vorgesehen. Der Urfahrer Markt wurde durch diese Idee wirklich bereichert, und Franz Kinzl hat einmal mehr bewiesen, daß wir in ihm einen musikalischen Stelzhamer haben."[1]

Durch Presseberichte und Mundpropaganda war das Zelt, das in den Abendstunden ohnedies voll besetzt war, nun gänzlich überfüllt. Viele Zaungäste waren zum Leidwesen des Festwirtes Hans Hofstetter darunter, die zwar die Oper sehen, aber nichts konsumieren wollten und so wurden die Aufführungen bald wieder abgesetzt.

VON DER EINSTIGEN LINZER BAUERNKAPELLE ZUM INTERNATIONALEN SHOWORCHESTER: „WENN SIE SPIELEN, WACKELT DAS ZELT", DIE „KRACHLEDERNEN GAUDIBRÜDER, DIE LINZER BUAM SORGEN INTERNATIONAL FÜR BOMBENSTIMMUNG"[2]

S. 113

Die Linzer Buam waren Teil der Linzer Kultur- und Musikgeschichte der Nachkriegszeit. Ihr internationaler Aufstieg ging vom Urfahraner Markt sowie von der Welser, Klagenfurter und Rieder Messe aus. Ende der 1950er-Jahre konnte die Kapelle von Robert Thaller bereits Erfolge bei Großengagements in Bayern und Italien feiern. Bei der Olympiade in Rom 1960, bei der *Italia* 1961 in Turin, bei der Winterolympiade 1964 in Innsbruck oder den Oktoberfesten in der Wiener Stadthalle, in Straubing, Berlin, Hannover, Mainz, Augsburg, Regensburg sowie Nürnberg sorgten die Botschafter aus Linz für Stimmung in Riesenzelten, wo auch berühmte Persönlichkeiten wie Miranda Martino, Betty Curtis, Federico Fellini, Giulietta Masina den Linzer Buam Beifall zollten. Sogar die Offiziere der Schweizergarde, deren Muttersprache Deutsch war, liebten die alpenländischen Jodler ihrer Heimat. Und für Papst Johannes XXIII., der die Linzer Buam persönlich empfing, erklang der Donauwalzer – ein persönlicher Wunsch des beliebten Pontifex. Bei deutschen Volksfesten musizierten Franz-Josef Strauß (er

Oskar Prokosch, **Der Olympiasieger Ernst Hinterseer mit Robert Thaller und Walter Heinisch am Urfahraner Markt**, 1960, Fotografie, Archiv Elisabeth Nowak-Thaller.

1   Thaller, Robert: Die Linzer Buam. Heitere und ernste Erlebnisse des bekannten Blas- und Schauorchesters, das die halbe Welt bereiste. Linz 1979, S. 84 f.
2   AZ-Nachrichten, Nürnberg, 3.9.1969, S. 12.

dirigierte den Bayerischen Defiliermarsch), Karel Gott und Billy Mo gemeinsam mit dem Orchester. Und auch zum Urfahraner Markt zog es immer mehr prominente Gäste.

Die Amerikareisen, auf denen die Linzer Buam beim Oktoberfest in Chicago oder Los Angeles die Massen begeisterten, fanden unter großem Presserummel zunächst 1968 und 1974 statt. Hans Reichart und später Fritz Thaller, beide erfolgreiche Exilösterreicher, hatten die Band mehrfach in die USA geholt.

S. 113

LINZER BUAM INVASION

Gegen Ende der 1950er-Jahre war aufgrund der vielen Engagements und Anfragen aus dem In- und Ausland das musikalische Pensum in der Urlaubszeit der meist nebenbeschäftigten Musiker mit der Stammgruppe kaum mehr zu bewältigen. Zusätzliche Profis mussten für große Auftritte engagiert und integriert werden. Die OÖN beklagten in einem Artikel, dass Robert Thallers Linzer Buam im Herbst 1958 aufgrund mehrerer paralleler Engagements in Nürnberg, Wien, München und Klagenfurt am Urfahraner Markt erstmalig nicht konzertierten.

S. 112

„Es mag gewiss bedauerlich sein, daß die tüchtigen Musiker der engeren Heimat vorübergehend „untreu" geworden sind. Andererseits aber muß man ihnen zu ihren Erfolgen herzlich gratulieren, sind sie doch nun aus eigener Kraft zu Devisenbringern und ‚Auslandsbotschaftern' aufgestiegen."[3] Um wenigstens die wichtigsten Festzelte im In- und Ausland und – nach diesem medialen Aufruf ein echtes Muss – zweimal jährlich den Urfahraner Markt sowie das Welser und Rieder Volksfest bespielen zu können, teilte sich die Kapelle. So gab es neben Reischl, Thaller und Matzer vorerst drei, beziehungsweise, als Matzer ins Profilager wechselte und zusätzlich eine vierte Gruppe ins Leben rief, sogar noch weitere Linzer-Buam-Formationen. Bis 1990 waren die Linzer Buam am Urfahraner Markt im Zelt von Hans Hofstetter sen., Hans-Lothar Hofstetter und gelegentlich bei Fritz Hofstetter engagiert. Zur Verwirrung der Fans konkurrierten 1976 beim Welser Volksfest drei Linzer-Buam-Bands in verschiedenen Zelten, während die Formation von Robert Thaller seit den 1970er-Jahren vorwiegend Auslandsengagements absolvierte.

Pontificia Fotografia Felici/Rom, **Die Linzer Buam bei der Papstaudienz in Rom**, 1960, Fotografie, Archiv Elisabeth Nowak-Thaller.
Mario Catena, **Ein Ständchen des Linzer-Buam-Chefs für Miranda Martino und Betty Curtis**, Willi Riepl (Trompete), Robert Thaller (Harmonika), Rom, 1960, Fotografie, Archiv Elisabeth Nowak-Thaller.

3 Thallers „Linzer Buam" spielen in Nürnberg. In: OÖN, 10.10.1958, S. 5.

Elisabeth Nowak-Thaller

S. 115

Am 10. März 1975 wurde Robert Thaller für sein musikalisches Lebenswerk von Bundespräsident Rudolf Kirschschläger das Goldene Verdienstzeichen der Republik Österreich verliehen. Als mein Vater 1982 nach kurzer, schwerer Krankheit verstarb – er hatte bis 1980 seine Buam geleitet – wurde die Kapelle 1987 unter Alois Ploberger und 1993 unter der Leitung von Toni Maier als „revival band" noch einmal in die USA berufen.

Die Marke „Linzer Buam" wurde in den 1950er-Jahren am Urfahraner Markt kreiert und war stets ein Garant für erstklassige Blasmusik. Das musikalisch hochkarätige Orchester konnte spielerisch zwischen allen Genres wechseln. Rund 55 Jahre feierten unterschiedlichste Formationen der Linzer Buam ausgehend vom Urfahraner Markt auf Festen und Messen, in Hallen, Zelten und Stadien in aller Welt große Erfolge. Das Programm des meist zwischen 15 und 20 Mann starken Blasorchesters garantierte jahrzehntelang nicht nur musikalische Qualität und Vielfalt, sondern auch Show- und Unterhaltung. Meist Nebenberufler, haben die Linzer Buam mit großer Leidenschaft für die Musik in ihrem Urlaub und ihren erkauften freien Tagen mit riesigem Kostümfundus, mit Show und Vielseitigkeit die Massen zu Begeisterungsstürmen hingerissen. Noch heute sprechen viele Linzer von ihren Linzer Buam, vom legendären Bandleader Robert Thaller, von den Kapellmeistern

S. 114

Edi Matzer, Adi Pötscher, Bertl Prinz, Alois Ploberger oder Sepp Schwaha. Unterhaltsame Abende und Frühschoppen, dokumentiert durch Presseberichte und Amateurfotos, bleiben jedenfalls bei älteren Generationen unvergessen.

Die Linzer Buam, echte „Erfolgskinder" des Urfahraner Marktes, sind seit Anfang der 1990er-Jahre Geschichte. Ihre Kapellmeister sind verstorben oder im Ruhestand. Keine andere musikalische Formation machte damals Linz im Ausland so bekannt wie die Gruppierungen der Linzer Buam. Ohne Sponsoren oder Subventionen waren die Linzer Buam mehr als ein halbes Jahrhundert im Volksmusiksektor DIE Linzer Botschafter im In- und Ausland. Ihre Karriere begann am Urfahraner Markt!

Hale Habermann, **Die Linzer Buam in Amerika**, 1968, Fotografie, Archiv Elisabeth Nowak-Thaller.
Foto Sigl, **Robert Thallers zweite Linzer-Buam-Truppe**, damals unter der Leitung von Edi Matzer, der sich bald selbstständig machte. Im Vordergrund der Posaunist und Kapellmeister mit Sängerin Paula, um 1960, Fotografie, Archiv Elisabeth Nowak-Thaller.

Norbert Artner, **Die Prangerschützen aus Aurach am Hongar eröffnen den Urfahraner Markt**, 2016, Fotografie.

Norbert Artner, **Die Musikkapelle Puchenau am Urfahraner Markt**, 2016, Fotografie.

Norbert Artner, **Urfahraner Markt**, 2016, Fotografie.
Norbert Artner, **Die Alpen Yetis beim „Da Wirt 4s Fest"**, Urfahraner Markt, 2016, Fotografie.

Ehrung kinderreicher Mütter, Urfahraner Markt, 1972, Fotografie,
Oberösterreichische Nachrichten. Vgl. Kaleidoskop, Andrea Bina, Georg Thiel.

Foto Aigner, **Schweizer Artistengruppe am Frühjahrsmarkt**, 1978, Fotografie, Oberösterreichische Nachrichten.
Eine Schweizer Artistengruppe legte auf einem 50 Meter über der Donau gespannten Seil den Weg vom Tourhotel
bis zum Marktgelände zurück.

Striptease-Bude, 1978, Fotografie, Oberösterreichische Nachrichten.
Eine Striptease-Bude ging einmalig am Herbstmarkt 1978 in Betrieb.

Kalb mit drei Mäuler (sic!) am Urfahraner Markt, 1989, Fotografie, Archiv Karlheinz Straßmeier.

Waldemar Wassermann, Urfahraner Markt, 2001, Fotografie, Oberösterreichische Nachrichten.

Waldemar Wassermann, Der Fakir Ben-Ghou-Bey am Urfahraner Markt, 1977, Fotografie, Oberösterreichische Nachrichten.

Alfred Harrer, **Präsentation des 8 Kilo schweren und 5 Meter langen Salzstangerls der Bäckerei Rath**, Urfahraner Markt, 1992, Fotografie, Oberösterreichische Nachrichten.

Friedrich Jahn („Hendl-Jahn", der Erfinder der Kette „Wienerwald") bringt mittels Hubschrauber Bier aus dem Münchner Hofbräuhaus zur Eröffnung des Urfahraner Marktes. 1972, Fotografie, Oberösterreichische Nachrichten.

Werbeanzeige, **Programm und Ausstellerverzeichnis Urfahraner Frühjahrsmarkt 1972**, Hrsg. Markt und Lebensmittelpolizeiamt der Stadt Linz.

Bierausschank in Hofstetters Europahalle, 1979, Fotografie, Oberösterreichische Nachrichten.

Norbert Artner, **Beer-Jet beim „Da Wirt 4s Fest"**, 2016, Fotografie.

Die Linzer Wurstfabrik am Urfahraner Markt, 1970er-Jahre, Fotografie, Archiv Hans-Lothar Hofstetter.

Alfred Harrer, **80 Meter Bratwurstrekord am Urfahraner Markt**, 1992, Fotografie, Oberösterreichische Nachrichten.

Wilhelm Entlicher, **Urfahraner Markt**, 1970er-Jahre, Fotografie, NORDICO Stadtmuseum Linz/NA-059602.

Norbert Artner, **Urfahraner Markt**, 2016, Fotografie.

Norbert Artner, **Urfahraner Markt**, 2016, Fotografie.

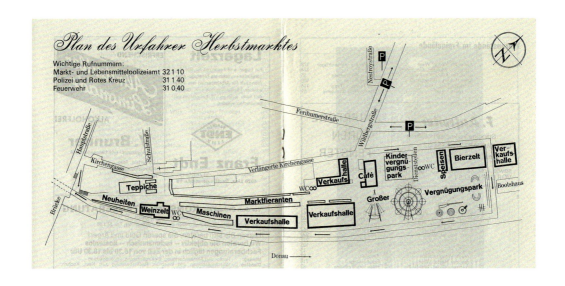

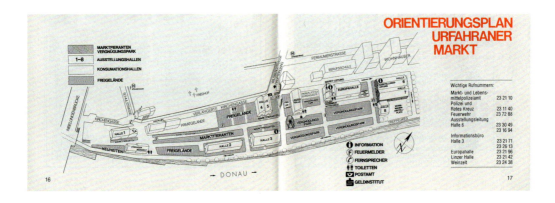

Pläne des Urfahraner Marktgeländes, Programme und Ausstellerverzeichnisse 1968, 1984, 1997 und 2016, Hrsg. Markt- und Lebensmittelpolizeiamt der Stadt Linz (1984)/ARGE Urfahraner Markt (1968, 1997, 2016).

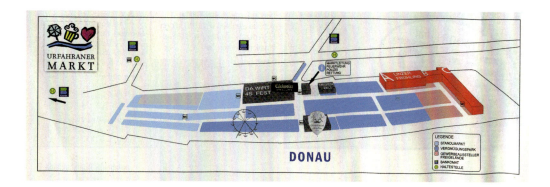

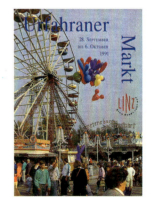

Cover der Programme und Ausstellerverzeichnisse 1968, 1974, 1978 und 1991, Hrsg. Markt- und Lebensmittelpolizeiamt der Stadt Linz (1974, 1978)/ARGE Urfahraner Markt (1968, 1991).

Briefmarken-Werbeschau, 1982, Oberösterreichische Nachrichten.

Norbert Artner, **Messe Urfahraner Markt**, 2016, Fotografie.

Die Nike fährt mit, 1977, Fotografie, Oberösterreichische Nachrichten.

Franz Anton Obojes, **Über den Dächern von Linz**, 2009, Mischtechnik, 18 x 32,5 cm, NORDICO Stadtmuseum Linz/ ÜT 104.491.
Das Riesenrad der Schausteller-Familie Rieger beim „Linz 09 – Höhenrausch" am Dach des Parkhauses Bethlehemstraße. Vgl. Kaleidoskop, Andrea Bina, Georg Thiel.

Gregor Graf/Rebel Club, **Preiskegeln am Urfahraner Markt**, 2004, Fotografie, 14,5 x 10 cm, NORDICO Stadtmuseum Linz/ D 240/3.

Die Menagerie Prechtl am Urfahraner Markt, 1956, Fotografie, Sammlung Peter Christl.
Die legendäre Zirkus-Menagerie Prechtl war zwischen 1909 und den 1960er-Jahren immer wieder am Urfahraner Markt zugegen. Vgl. Kaleidoskop, Andrea Bina, Georg Thiel.

Kurt Römer, **Braut am Urfahraner Markt**, 1963, Fotografie, Oberösterreichische Nachrichten.

Erwin Rachbauer, **Urfahraner Markt**, 2000, Fotografie, 28,4 x 40 cm, NORDICO Stadtmuseum Linz/D 453.

Fahrgeschäft Tropical Trip am Urfahraner Markt, um 1995, Fotografie, Krone.

Todeskugel der Schausteller-Familie Raab am Urfahraner Markt, 1930er-Jahre, Fotografie, Archiv Arthur Raab.

Fahrt in der Todeskugel, 1930er-Jahre, Fotografie, Sammlung Gerhard Eberstaller.

Franz Petuely, **Steilwandfahrer bei der Show der Sensationen am Urfahraner Markt**, 2003, Fotografie, Archiv Franz Petuely.

Teufelsrad – eine sich drehende Scheibe, die mit glattem Parkettboden ausgelegt ist, 1940er-Jahre, Fotografie, Sammlung Gerhard Eberstaller.

Wilhelm Entlicher, **Urfahraner Markt**, 1970er-Jahre, Fotografie, NORDICO Stadtmuseum Linz/NA-059603.

Urfahraner Markt, 1974, Fotografie, Oberösterreichische Nachrichten.

Kaleidoskop der Lustbarkeiten.
Stichwörter zum Urfahraner Markt
Andrea Bina, Georg Thiel

Adam-und-Eva-Schau / Arbeitsgemeinschaft zur Förderung des Urfahraner Marktes / Aqua Valley / Artisten / Athleten / Ausstellungen / Autodrom / Automaten / Beschicker / Besucher / Bieranstich / Black Out / Boxen / Breakdance / Circus Liliput und Colda's Pony Revue / Chaos / Crazy-Boat / Crazy-Mouse / Da Wirt 4s Fest / Dicke Mitzi / Dicke und Dünne / Donau Alm / Drachenbahn / Euro-Ball / Exoten / Extrem / Fahrendes Volk / Fahrgeschäfte / Familientag / Festschriften / Festwirt / Festzelt / Festzug / Feuerwerke / Freifahrten / Freigelände / Fruchtspieße / Gebratene Ochsen / Geisterbahn / Glücksrad / Glück ohne Pause / Grillhendl / Hau den Lukas / Hausfrauennachmittag / Hüpfburg / Jahrmarkt / Jahrmarktgelände / Jahrmarktkönigin / Franz Kain / Kartoffelchips / Kasperltheater / Kiki-Rikii / Kinderautodrom / Kindergokart / Kinderkarussell / Kindervergnügungspark / Kettenflieger / Kettenkarussell / Klettergarten / Kokosbusserl / Kulinarik / Landesverband der Schausteller / Landmaschinen / Langos / Lebkuchenherzen / Likörstand / Linzer Ausstellungsverein / Linzer Buam / Linzer Regatta / Luftballon / Magic / Maiskolben / Mambo / Marktfieranten / Marktordnung / Marktreferenten / Marktschreier / Medienzelt / Mega-Jump / Menagerien / Menschenschauen / Messe-Linz / Moritatensänger / Musik / No Limit / Ökumenischer Gottesdienst / Organisationsteam Urfahranermarkt / Panic / Parkplatz / Pizza / Playball / Plüschtiere / Politische Prominenz / Ponyreiten / Prangerschützen / Programm und Ausstellerverzeichnis / Quacksalber / Ranger / Rebel Club / Riesen / Riesenrad / Riesenschnitten / Ringelspiel / Ringewerfen / Rutschen / Schaukeln / Schaumrollen / Schausteller / Schießbude / Schiffsschaukel / Seniorennachmittag / Snow Convoy / Schweinsbratwürstel mit Sauerkraut / Schießbuden / Spiel der Zukunft / St. Petersburger Schlittenfahrt / Striptease / Sturmsegler / Tagada / Tante Elsa / Tierschau Prechtl / Tischkegelspiel / Teufelsrad / Toboggan / Todeskugel / Trampolin / Türkischer Honig / Urfix / Vergnügungspark / Verkaufsstände / Verkehrskindergarten / Volkstänze / Wanderschüler / Leopold Wandl / Water Bubbles / Wildwasserbahn / Zahlen und Fakten / Zauberei / Zirkus Zirkus / Zöbinger Weinzelt / Zuckerwatte

Norbert Artner, **Urfahraner Markt**, 2016, Fotografie.

Der Urfahraner Markt hat viele unterschiedliche Aspekte. Für die Stadt ist er ein wichtiger Wirtschaftsfaktor. Pro Markt werden etwa 100 Millionen Euro Umsatz erwirtschaftet und er bietet in der Jahrmarktzeit 1 000 Menschen einen Arbeitsplatz.[1]

Für die Beschicker und Schausteller bedeutet er einen guten Verdienst und durch die lange Kontinuität ermöglicht er zugleich ein Zusammentreffen mit alten Bekannten und der „Familie". Für die Besucher stellt er einen Raum der Sehnsüchte, der Erinnerung, der Schaulust und der Neuigkeiten dar. Viele Stichwörter ergeben ein Ganzes. Teile davon „ploppen" im folgenden Text auf und geben Einblick in die Welt der „Romantik" des Urfahraner Marktes und in die oftmals harte, arbeitsintensive, reale Welt.

ARGE URFAHRANER MARKT

Durch die Aufteilung in die Bereiche Kulinarik, Fahrgeschäfte und Messe – die drei Säulen des Marktes –, sowie dem freien Zugang zum Markt ist eine solide Basis für unterschiedlich motivierte Besuche jeder Altersgruppe und jeder Gesellschaftsschicht gewährleistet. Die Arbeitsgemeinschaft zur Förderung des Urfahraner Marktes setzt sich aus Vertretern der Wirtschaftskammer Oberösterreich und Vertretern der Gruppen Schausteller, Marktfahrer, Konsumation sowie der Messe Linz zusammen. Den Vorsitz führt Wirtschafts-Stadträtin Susanne Wegscheider. Die Geschäftsführung erfolgt durch Barbara Kovsca-Sagmeister und Manuela Damm (Magistrat der Stadt Linz / Finanzen und Wirtschaft / Wirtschaft und EU)[2]. Die ARGE gestaltet das Rahmenprogramm und setzt für den Markt gezielte Aktivitäten im Bereich Werbung. Während des neun Tage dauernden Jahrmarktes gibt es Spezialangebote für Familien und Senioren mit Veranstaltungen wie Tanz, Tombola oder vergünstigten Fahrpreisen. An jedem Eröffnungssamstag können die Fahrgeschäfte des Marktes zwischen 10 und 11 Uhr kostenlos und am Mittwochnachmittag zum halben Preis genützt werden. Der Seniorennachmittag findet am Montag von 14 bis 16 Uhr im Festzelt statt. Das Unterhaltungsprogramm sieht Musik mit Tanzmöglichkeit und eine Tombola vor. Programmpunkte wie etwa der „Hausfrauennachmittag", „Glück ohne Pause", „Boxwettkämpfe",

Goldhauben-Treffen in Hofstetters Europahalle, 1982, Fotografie, Oberösterreichische Nachrichten.
Boxkampf in Hofstetters Europahalle, 1980er-Jahre, aus: Kuttenberg, Arthur (Hrsg.): Der Urfahraner Markt, Tradition und Gegenwart. 1987.

1   Interview mit Marktreferentin Susanne Wegscheider vom 8.11.2016 in Linz-Urfahr. Andrea Bina und Arabelle Bernecker.
2   urfahranermarkt.at

Kaleidoskop der Lustbarkeiten.

„Auszeichnungen kinderreicher Mütter" oder die „Wahl der Jahrmarktkönigin und ihrer beiden Prinzessinnen" gehören heute jedoch der Vergangenheit an.

BESUCHER DES JAHRMARKTES

Für die meisten Linzer stellt ein Besuch des Urfahraner Marktes einen jährlichen Fixpunkt dar. Die Statistik weist über die Jahre eine konstante und kontinuierliche Besucherzahl von ungefähr einer halben Million Personen aus.[3] Die Besucher kommen vorwiegend aus Linz (45%) und dem Zentralraum (15%), dem angrenzenden Mühlviertel (27%) und aus Niederösterreich (5%).[4] Bewegten sich in den 1960er-Jahren die Besucherzahlen ungefähr bei 300 000 Personen, so lag der Besucherrekord beim Frühjahrsmarkt im Jahr 2000 bei 650 000 Personen. Die Zahlen basieren auf Schätzungen der Polizei, die unter anderem auch die Lautstärkenkontrolle vornimmt, und der Abteilung Wirtschaft und Finanzen / Magistrat Linz (vormals Marktamt). Die Schwankungen der Besucherzahlen erklären sich durch die unterschiedliche Wetterlage.[5]

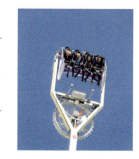

BIERANSTICH

Jeweils am Eröffnungssamstag findet nach dem Rundgang des amtierenden Bürgermeisters und des Marktreferenten um 12 Uhr der Bieranstich im Festzelt statt. Der Festbieranstich erfolgt idealerweise mit zwei Schlägen und wird vom Bürgermeister durchgeführt.

FAHRGESCHÄFT

Fahrgeschäft (seltener: Fahrbetrieb) nennt man eine Vergnügungsattraktion in Vergnügungsparks oder auf Volksfesten. Die häufigsten Fahrgeschäfte sind Karussells, Autodrome, Luft- und Schiffsschaukeln, Riesenräder, Achterbahnen sowie versetzbare Tribünen, Schaubuden und Zirkuszelte. Während die in Vergnügungsparks installierten Fahrgeschäfte im Regelfall Daueinrichtungen sind (das heißt, sie sind bauliche Anlagen im klassischen Sinn), handelt es sich bei den auf Volksfesten

Wolfgang Muthspiel, **Urfahraner Markt**, 1968, Fotografie, NORDICO Stadtmuseum Linz/NA-058407.
Lautstärkenkontrolle mit dem Phonometer, Urfahraner Markt, 1974, Fotografie, Oberösterreichische Nachrichten.
Norbert Artner, **Urfahraner Markt**, 2016, Fotografie.

3   Die Aufzeichnungen der Zahlen liegen in der Abteilung Wirtschaft und Finanzen am Magistrat Linz auf.
4   Fenzl, Kristian/Minkenhofer, Norbert/Hausjell, Siegfried/Holzbauer, Albert/Fickert, Ernst: Projektstudie. Urfahraner Markt. Ist-Soll-Zustandsanalyse. Linz 1994, S. 4ff.
5   Kuttenberg, Arthur: Der Urfahraner Markt. Tradition und Gegenwart. Linz 1987, S. 141.

eingesetzten Fahrgeschäften um „Fliegende Bauten", die nach Ende des Festes abgebaut, zu einem anderen Festplatz transportiert und dort wieder aufgebaut werden, was beim Entwurf beachtet werden muss.[6] Ab den 1950er-Jahren wurde es üblich, Fahrgeschäfte zu kaufen oder produzieren zu lassen. Bis zu diesem Zeitpunkt wurden die meisten Gerätschaften und Wägen in Eigenregie hergestellt und instandgehalten. Die meisten Fahrgeschäfte stammen aus Produktionen in Italien und Deutschland.[7]

FESTSCHRIFTEN

170 Jahre Urfahraner Markt
140 Jahre Urfahraner Markt

FESTWIRT

Der heutige Festwirt Patrick Stützner stammt selbst aus einer Gastronomenfamilie. Seit der Übernahme des ehemaligen Hofstetter-Festzeltes im Jahr 2011 hat er mit seinen beiden Partnern[8] zwei neue Marken im Bereich der Gastronomie eingeführt: „Da Wirt 4s Fest", das altbekannte klassische Festzelt, und die „Donaualm", eine im oberen Preissegment angesiedelte zweistöckige Holzkonstruktion im Stil einer Almhütte. In diesem Ambiente wird Champagner angeboten, die Gäste kommen in Tracht gekleidet und die Tische sind zeitgerecht (ähnlich wie am Oktoberfest) zu reservieren.

Die Festzelte waren über Jahrzehnte mit dem Namen der Gastronomenfamilie Hofstetter verbunden: Die Familie Hofstetter führte in der Urfahraner Rosenstraße das Gasthaus „Zur weißen Rose". Georg Hofstetter betrieb in den Jahren 1946 bis 1949

Festschrift 170 Jahre Urfahraner Markt, Hrsg. Kuttenberg, Arthur: Der Urfahraner Markt, Tradition und Gegenwart. Linz 1987.
Festschrift 140 Jahre Urfahraner Markt, 1957, Hrsg. Das Landesgremium der Markt-, Straßen- und Wanderhändler, Marktfahrer und Hausierer, die Sektion Handel, die Kammer der gewerblichen Wirtschaft für Oberösterreich, das Kulturamt sowie der Markt- und Lebensmittelpolizeiamt der Stadt Linz, Stadtarchiv Linz.
Horst Einöder, Der ehemalige Festwirt Hans-Lothar Hofstetter und der neue „Da Wirt 4s Fest" Patrick Stützner, 2011, Kronen Zeitung.

6   Definition aus: Wikipedia, die freie Enzyklopädie.
7   Interview Erich Avi und Arthur Raab.
8   stuetznergmbh.at/

die erste Mosthütte am Markt. Hans Hofstetter führte ab 1949 sein erstes Bierzelt und sein Bruder Fritz das Weinzelt am Urfahraner Markt. Hans-Lothar Hofstetter war von 1966 bis 2010 Festwirt des Urfahraner Marktes, er war jedoch bereits ab 1951 ebendort tätig. Unterschiedliche Angebote für alle Altersstufen sorgten in der Europahalle, der Bayern-Halle, der Music-Hall und der Edelweiß-Alm für Unterhaltung. Weitere Familienmitglieder waren ebenso am Urfahraner Markt tätig:

Das Zöbinger Weinzelt wurde von Fritz Hofstetter betrieben und Gabi Hofstetter führte die legendäre „Marktgräfin". Hans-Lothar Hofstetter verkaufte im Jahr 2010 – nach 120 Jahrmärkten – sein Festzelt an die Stützner GmbH.

FEUERWERK

Bis 1976 war ein Großfeuerwerk pro Jahrmarkt üblich. Durch die jahrelange Finanzierung eines zweiten Großfeuerwerks durch die Firma Möbel Leiner, die Austria Tabak Werke und die Allgemeine Sparkasse finden seit 1976 zwei Feuerwerke statt: jeweils am Eröffnungssamstag und am Donnerstag um 21:30 Uhr. Heute erfolgt die Finanzierung durch die Beiträge der Beschicker an die Arbeitsgemeinschaft Urfahraner Markt.[9]

FREIGELÄNDE

Ein großer Bereich des 66 000 Quadratmeter großen Veranstaltungsgeländes, das dem Urfahraner Markt zur Verfügung steht, ist für etwa 200 Beschicker und Schausteller reserviert, die ihre Verkaufsstände und Fahrgeschäfte auf dem Freigelände errichten. Hier haben die Konsumationsbetriebe ihren Platz und „Waren aller Art" werden feilgeboten.[10] Das Angebot reicht von Autopolierpasten, Textilien wie Kleiderschürzen und Unterwäsche über Schmuck, Hüte, Spielzeug, Scheren und Taschenfeitln bis hin zu Haushaltswaren und Naturkosmetik. Wie bei den Schaustellern und Beschickern der Messehallen gibt es auch am Freigelände Betriebe, die schon seit Jahrzehnten regelmäßig auf den Urfahraner Markt fahren. Ein Beispiel für die Treue der Marktfahrer ist das Produkt

Christian Holzinger, **Die Donaualm am Urfahraner Markt**, 2015, Fotografie.
Volker Weibold, **„China Gold"**, 2011, Fotografie, Oberösterreichische Nachrichten.

9   Kuttenberg, Arthur: S. 103.
10 Aktuelle Zahlen vom Herbstmarkt 2016: 123 Verkaufsstände im Freigelände, 120 Beschicker in den zwei Hallen der Messe Linz, 57 Schaustellergeschäfte, 33 Konsumationsbetriebe, 2 Festzelte, 1 Kaffeezelt (U-Punkt), 1 Donaualm, 1 Medienzelt mit Kaffeeangebot. Unterlage zur Pressekonferenz von Marktreferentin Susanne Wegscheider über den Urfahraner Herbstmarkt 2016 am 26.9.2016 im Neuen Rathaus. S. 2.

„China Gold". Es handelt sich um ein vielseitig verwendbares Kräuteröl, das seit den 1960er-Jahren am gleichen Standplatz angeboten wird. Otto Häring, ein Selfmademan, entwickelte für diese Wort-Bild-Marke eine grüne Glasflasche in Form eines stilisierten Chinesen. Härings Tochter Susanne übernahm 1982 den Betrieb und führte ihn bis zur Übernahme durch den langjährigen Mitarbeiter Alois Schachinger im Jahr 2008. Der einzige Unterschied zu den Verkaufsanfängen von 1960 ist, dass die Flasche in Form eines Chinesen heute aus Weißglas besteht.[11]

JAHRMARKTKÖNIGIN

Dieser überaus beliebte Wettbewerb zur Wahl der Jahrmarktkönigin und der beiden Prinzessinnen fand ausgehend von den 1950er-Jahren bis zum Herbstmarkt 1974 statt. Die Wahl wurde von der ARGE Urfahraner Markt ausgerichtet.
„Gesucht wird die Urfahraner Jahrmarktkönigin […], die Königinnenwahl findet im Linzer Rathaus statt. Noch haben junge Frauen und Mädchen die Chance, sich zu bewerben, adressiert an Stadtrat Hugo Wurm, Linzer Rathaus. Die Bewerberinnen sollen hübsch sein und müssen das 17. Lebensjahr vollendet haben. Die Königin und ihre beiden Prinzessinnen werden für ihre Repräsentationspflichten, wie alljährlich, von Linzer Firmen ausgestattet: Dirndlkleid, Trachtenschuhe, Taschen sowie täglicher Friseurbesuch!"[12] Vor der Nominierung wurde das Wissen der Kandidatinnen über die Stadt Linz, ihre Schlagfertigkeit und ihre Werteeinstellung von einer Jury geprüft. Als Dank gab es ein kleines Salär. Die offizielle und feierliche Krönung fand am Eröffnungstag des Jahrmarktes durch den amtierenden Stadtrat und Bürgermeister statt.

JAHRMARKT

Der unter dem Stichwort „Jahrmarkt" in Pierers Universal-Lexikon aus dem Jahr 1859 stehende Eintrag hat bis heute nichts von seiner Gültigkeit verloren. Demnach ist ein Jahrmarkt „ein länger als einen Tag dauernder Verkaufsmarkt zum Kaufe anderer, als der gewöhnlichen Lebensbedürfnisse, welche meist von auswärtigen Gewerken und Händlern am Marktplatze feil geboten werden; im Gegensatz zu den Wochenmärkten kehrt der Jahrmarkt im Jahre nur ein- bis viermal wieder. Sind

Wahl der Jahrmarktkönigin und Prinzessinnen, 1969, Fotografie, Ausschnitt, Oberösterreichische Nachrichten.
Karl Hauk, **Das Karussell**, 1924, Kohle auf Papier, 45 x 34 cm, Kunsthandel Widder, Wien.

---

11 Interview und Filmporträt mit Susanne Niederndorfer: 12.10.2016 in Urfahr. Andrea Bina und Claudia Dworschak.
12 OÖN, April 1972. Archiv der Johanna Machacek, Jahrmarktkönigin von 1972.

die Jahrmärkte von längerer Dauer als einer Woche, so heißen sie gewöhnlich Messen." Ergänzend sollte lediglich hinzugefügt werden, dass mit dem Zurückgehen der wirtschaftlichen Bedeutung des Jahrmarktes das Element der Volksbelustigung stärker in den Vordergrund trat. *GT*

FRANZ KAIN (1922–1997)

Journalist, Schriftsteller und Politiker, Chefredakteur der Tageszeitung „Die neue Zeit" (Organ der KPÖ Oberösterreich). Verfasste Romane, Erzählungen sowie eine teilweise am Urfahraner Markt angesiedelte Novelle, die den Titel „Die Donau fließt vorbei" trägt. 1961 vom Kulturamt der Stadt Linz erstmals herausgegeben, ist dieser Text bis dato die literarisch einzig relevante Auseinandersetzung mit dem Urfahraner Markt geblieben.[13] *GT*

LANDESVERBAND DER SCHAUSTELLER OBERÖSTERREICHS

1946 wurde der „Landesverband der Schausteller und Berufsgenossen Oberösterreichs" als Interessenvertretung des Schausteller-Standes gegründet. Der Verband vertrat in dieser Zeit primär die Mitglieder bei Ämtern und Behörden. Diese Aufgabe ist heute bei der Wirtschaftskammer angesiedelt. Das Ziel des Vereins war die Vernetzung und Unterstützung der Kollegen samt deren Familien untereinander, auch außerhalb der „Saison". Ein „Sterbefonds" wurde eingerichtet. 1959 erfolgte eine Neugründung und Umbenennung in „Landesverband der Schausteller Oberösterreichs". Die größte Errungenschaft stellte die Einführung des Schausteller-Gewerbescheins anstelle der bisherigen, nur drei Jahre gültigen Lizenz dar. Der Verband erfüllt bis heute den Zweck, die Schausteller Oberösterreichs beratend und helfend zu begleiten, Zusammenhalt zu vermitteln sowie den Berufsstand nach außen in der Öffentlichkeit und bei den Behörden zu vertreten. Der Berufsstand der Schausteller erfuhr in den letzten Jahrzehnten eine positive Imageveränderung. Heute wird dieser Berufsstand jenem der Unternehmer gleichgesetzt. In Oberösterreich gibt es heute etwa 150 aktive Schausteller-Familien.[14] Der Schausteller-Ball, der alle sieben Jahre in Oberösterreich stattfindet und vom Landesverband seit 1962 veranstaltet wird, ist ein diesbezügliches wichtiges Signal nach außen. Die Obmänner des Vereins in chronologischer Reihung: Otto Walter, Johann Perschl, Franz Schorn, Jack

Jubiläumsschrift des Landesverbandes der Schausteller Oberösterreichs, 1986, Archiv Arthur Raab.

13   Kain, Franz: Die Donau fließt vorbei. Eine Erzählung. Weitra 1993.
14   Interview mit Heinrich Straßmeier am 28.10.2016 in Schwertberg. Veronika Barnaš und Andrea Bina. Er ist seit 15 Jahren der Fachgruppenobmann in der WKO/OÖ für die Fachgruppe der Kino-, Kultur- und Vergnügungsbetriebe.

Stein, Otto Walter, Heinrich Straßmeier, Karlheinz Straßmeier, Arthur Raab und Walter Schlader.[15]

LEBKUCHEN(HERZEN)

Das Wort „Lebkuchen" stammt vom lateinischen „libum" (flacher Kuchen oder Fladen). In Österreich ist auch die Bezeichnung „Lebzelten" gebräuchlich. Erste schriftliche Zeugnisse von gewürzten Honigkuchen stammen aus der Zeit um 350 vor Christus. Von Grabbeigaben weiß man, dass bereits in Ägypten honiggesüßte Kuchen bekannt waren. Auch die Römer buken die würzigen Kuchen, jedoch aßen sie sie nicht, sondern hängten sich diese um, da sie an die magischen Kräfte der Zutaten glaubten. Hierin liegt möglicherweise die Tradition der Lebkuchenherzen begründet.

In Gmunden manifestierte sich die Tradition der Lebkuchenherzen durch den sogenannten Liebstattsonntag, an dem ab dem 16. Jahrhundert Arme durch eine christliche Bruderschaft zu einem Mahl eingeladen wurden und dabei das Gelöbnis der Glaubenstreue und der christlichen Liebe, das „Liabb'stätt'n" (Liebe bestätigen), erneuerten. Im Laufe der Jahrhunderte wandelte sich der Brauch: Anstelle der Armenspeisungen wurden verzierte Lebkuchenherzen (um 1930) als Liebesgabe verschenkt. Beliebte Sprüche lauten von „Ich liebe Dich", „Beste Mama", „Süße Prinzessin", „I mog di", „Mein Herz gehört nur Dir", „Mein Prinz" bis hin zu „Mogst a Watschn".[16]

LINZER AUSSTELLUNGSVEREIN / MESSE LINZ

Der Ausstellungsverein wurde 1955 gegründet, um Ausstellungen, Märkte und Messen in Linz zu fördern und zu veranstalten, das heißt, Flächen und Kojen werden an die Beschicker dieser Veranstaltungen vermietet. Eine wichtige Aufgabe des Vereins war die Organisation der großen Verbraucherausstellungen in den Messehallen am Festgelände des Urfahraner Marktes. Der Standort des Vereins befindet sich seit 1964 in der Hollabererstraße im Linzer Industriegebiet. 1985 errichtete man auf diesem Gelände eine Lagerhalle von 800 m². Heute ist die Messemanagement Linz GmbH eine operativ tätige Tochtergesellschaft des Linzer Ausstellungsvereins.

Waren von den 1960ern bis vor wenigen Jahren Verkaufsausstellungen in sechs bis acht Hallen mit 150 bis 190 Ausstellern üblich, so wurden beim Herbstmarkt 2016 zwei Hallen der Messe Linz mit 120 Ausstellern (350 Beschicker am gesamten

Norbert Artner, **Urfahraner Markt**, 2016, Fotografie.

15 Straßmeier, Karlheinz: 40 Jahre Landesverband der Schausteller Oberösterreichs. Festschrift. 1986.
16 Vgl. *brauchtumskalender.ooe-volkskultur.at/brauch-93-liebstattsonntag*, abgerufen am 9.11.2016.

Kaleidoskop der Lustbarkeiten. 149

Marktgelände) bespielt.[17] Eine aktuelle Umfrage der Spectra Marktforschung bestätigt den hohen Bekanntheitsgrad des Marktes (97 % der Linzer Bevölkerung) und weist den Ausstellungsbereich in den Hallen der Messe Linz als den heute nach wie vor relevantesten aus.[18] Das Konsumverhalten der Menschen änderte sich in den beiden letzten Jahrzehnten jedoch massiv: Die ganzjährig zur Verfügung stehenden Angebote in Einkaufszentren und Einrichtungshäusern sowie die angenehm von zu Hause durchführbaren Bestellungen über das Internet sind der Grund dafür. Das Warenangebot in der zweiten Hälfte des 20. Jahrhunderts am Urfahraner Markt war sensationell und bot wirklich alles, was das Herz begehrte. Die Linzer Kaufleute waren mit Dependancen vor Ort, es gab eine Bundesländerhalle und das Angebot erstreckte sich von technischen Artikeln (Neuheiten), Textilien, Nähmaschinen, Spielwaren, Reinigungsmitteln, Körperpflegemitteln, Elektro- und Küchengeräten und Öfen bis hin zu einer riesigen Möbel- und Teppichauswahl, Garagentoren, Bauzubehör und der Präsentation von landwirtschaftlichen Geräten.

S. 132

LINZER BUAM

1934 formierte sich das Blas- und Schauorchester der Linzer Buam aus den Reihen der Musiker des Linzer Landestheaters. Die Musikkapelle galt viele Jahrzehnte als ein bekanntes „Wahrzeichen" des Urfahraner Marktes, ihre Auftritte im Festzelt sind legendär. Die Kapellmeister Robert Thaller und Edi Matzer waren für Generationen von Musikliebhabern ein Begriff. Die Linzer-Buam-Formationen, echte Erfolgskinder des Urfahraner Marktes, sind aber seit Anfang der 1990er-Jahre Geschichte.[19]

S. 116

Plan des Urfahraner Markt-Geländes, Programm und Ausstellerverzeichnis, 1968, Hrsg. ARGE Urfahraner Markt. Markowitsch (Foto)/Thron (Grafik), Volksfest mit den Linzer Buam, 1960er-Jahre, LP-Cover, Philips, Archiv Elisabeth Nowak-Thaller.

17 Die Zahlen sind den Aussteller- und Programmverzeichnissen des Jahrmarktes entnommen. Herbstmarkt 1968: 168 Aussteller in 6 Hallen, Herbstmarkt 1970: 189 Aussteller in 6 Hallen, Herbstmarkt 1977: 190 Aussteller in 8 Hallen, Frühjahrsmarkt 1980: 163 Aussteller in 9 Hallen, Herbstmarkt 1982: 180 Aussteller in 9 Hallen, Herbstmarkt 2000: 140 Aussteller in 6 Hallen.
18 Unterlage zur Pressekonferenz von Marktreferentin Susanne Wegscheider über den Urfahraner Herbstmarkt 2016 am 26.9.2016 im Neuen Rathaus. S. 10.
19 Vgl. Nowak-Thaller, Elisabeth: „Drum san ma Landsleut, Linzerische Buama!" Die Linzer Buam – eine Erfolgsgeschichte vom Urfahraner Markt.

MARKTFIERANTEN

Das „Fahrende Volk" des 19. Jahrhunderts, dessen gemeinsames Merkmal das Wandern ist, teilt sich auf in Fieranten, Professionalisten, Schausteller, wandernde Sänger und Musikanten. Fieranten sind eine wandernde Händlerschicht, die vor allem auf Märkten die Bedürfnisse befriedigte, die ansässige Handwerker nicht stillen konnten, wie etwa Bänkelsänger als Verkäufer von Druckschriften agierten.[20] Heute ist das Wort „Beschicker" gebräuchlicher.

MARKTSCHREIER

Verkäufer, der seine Ware ohne Schonung der eigenen Stimme feilbietet. Das Wort wurde ursprünglich abwertend im Sinne von „Quacksalber" gebraucht. *GT*

MORITATENSÄNGER

Die Moritat ist eine Verballhornung des Wortes „Mordtat". Moritatensänger fanden sich vereinzelt bis in die 1930er-Jahre auf Jahrmärkten; ihre Blütezeit hatten sie im 18. und 19. Jahrhundert. Die schaurigen Geschichten wurden meist mit instrumentaler Begleitung vorgetragen, zuweilen kamen auch Bildtafeln zum Einsatz, auf denen die ruchlose Tat und deren Sühne dargestellt waren. Das Oberösterreichische Volksliedwerk hat unter dem Titel „Schauerlich ertönt die Kunde" eine Sammlung von Moritaten aus oberösterreichischen Quellen herausgegeben.[21]

Es ist davon auszugehen, dass viele davon unter wohligem Gruseln der Zuhörerschaft am Urfahraner Markt ertönten. *GT*

ÖKUMENISCHER GOTTESDIENST

Seit 1962 gibt es bei jedem Urfahraner Frühjahrs- und Herbstmarkt einen ökumenischen Gottesdienst. Diese besondere Seelsorge wurde auf Wunsch vieler Schausteller,

Franz Dutzler, **Jahrmarkt**, 1960er-Jahre, Gelatinesilberabzug, LENTOS Kunstmuseum/G8456-17.
Alfred Kubin, **Jahrmarktsänger**, um 1928/30, Feder, Tusche auf Papier, 31,4 x 24 cm, OÖLM, Graphische Sammlung, Inv.-Nr. Ha II 3504.

20 Straßmeier, Martina Valerie: Schausteller Einst und Jetzt. Eine empirische Studie über den familiären und beruflichen Wandel unter besonderer Berücksichtigung der reisenden Berufsgruppe im Raum Oberösterreich. Diplomarbeit / JKU. Linz, 1994. S 15.
21 Petermayr, K.: Schauerlich ertönt die Kunde. Moritaten aus Oö. Quellen. Oö. Volksliedwerk / Oö. Volksliedarchiv. Volksliederband 28.

die ganzjährig unterwegs sind, eingerichtet. Vielen von ihnen ist es am Sonntag nicht möglich, bei der Messe in der Kirche teilzunehmen, da gerade sonntags die Geschäfte florieren. Seit 25 Jahren kommt der evangelische Pfarrer Stefan Schumann auch auf den Urfahraner Markt, um einen Gottesdienst zwischen Geisterbahn, Bierzelt und Riesenrad abzuhalten.[22] Sein langjähriger Vorgänger als Künstler-, Zirkus- und Schaustellerseelsorger war Pfarrer Ludwig Drexler. Der katholische Geistliche für den Berufsstand der Schausteller ist Joseph Farrugia, sein Vorgänger war Josef Franzl. Jeweils freitags um 11 Uhr findet im Autodrom Straßmeier die Feier statt, die vom Landesverband der Schausteller Oberösterreichs organisiert wird. Unmittelbar davor absolviert Pfarrer Schumann Besuche in Wohnwägen oder bei den Fahrgeschäften: für ihn ein fast alltägliches Prozedere, da der Geistliche auf seiner Mission auf sämtlichen Messen und Jahrmärkten im Land vertreten ist. Seine Verbundenheit mit den Schausteller-Familien ist eng, er ist gern gerngesehener Gast bei Familienfeiern und Begräbnissen.

PRANGERSCHÜTZEN

Seit 15 Jahren sind Prangerschützen Teil der Eröffnung des Urfahraner Marktes. Sie sind nicht zu übersehen, und überhören kann man sie schon gar nicht: Lautstark künden sie den Beginn des Jahrmarktes an. Sie sind Festschützen und ihr Stutzen ist keine Schusswaffe, sondern ein Brauchtumsgerät, das in Handarbeit hergestellt wird.[23]

S. 127

PROGRAMM UND AUSSTELLERVERZEICHNIS

Die Broschüren enthalten das Teilnehmerverzeichnis der beteiligten Schausteller, Warenstände und Konsumationsbetriebe im Freigelände sowie die Firmennamen in der Verkaufsausstellung in den Hallen. Ein Orientierungsplan sowie das detaillierte Programmangebot sind beigefügt.[24]

Norbert Artner, **Urfahraner Markt**, 2016, Fotografie.
Norbert Artner, **Urfahraner Markt**, 2016, Fotografie.
Cover des Urfahraner-Markt-Journals, 2016, Hrsg. ARGE Urfahraner Markt.

22 *nachrichten.at/oberoesterreich/linz/Zwischen-Geisterbahn-und-Bierzelt-wird-gebetet;art66,2223663* Kuttenberg: S. 98.
23 *ooe-volkskultur.at/home/forum/die-verbaende/ooe-prangerschuetzenverband/*
24 Die Programm- und Ausstellerverzeichnisse der Jahre 2016 bis 1968 befinden sich im Archiv der Abteilung Wirtschaft und Finanzen / Magistrat Linz.

QUACKSALBER

Das Wort leitet sich leitet sich etymologisch aus dem niederländischen „kwakzalver" ab, welches sich mit „prahlerischer Salbenverkäufer" übersetzen lässt. Einer anderen Überlieferung zufolge rührt der Name vom in den Salben enthaltenen Quecksilber her, das als Heilmittel gegen Syphilis angesehen wurde. Quacksalber sind bis zum heutigen Tag ein fixer Bestandteil des Urfahraner Marktes. Es gehört zu den besonderen Vergnügungen, sich – ein Beispiel unter vielen – die Vorzüge der Dachssalbe erklären zu lassen. Diese wirkt etwa bei Arthrose wahre Wunder, was sich dadurch erklärt, dass der Dachs „in der Erde wohnt, sein Fett also sehr tief, bis zum Knochen einziehen kann." *GT*

REBEL CLUB

Die Künstler des Rebel Clubs (Aron Rynda, Gerhard Krottenauer, Gregor Graf, Kurt Lackner und Stephan Lipp) traten am Herbstmarkt 2004 als Schaubudenbetreiber auf. Die Besucher wurden in der selbst gebauten Jahrmarktbude, die sich in ihrer Gestaltung von den übrigen Verkaufsständen durch viele Details unterschied, zum Preiskegeln aufgefordert. Bei genügend Treffern gab es als Preis ein inszeniertes Foto des Protagonisten. Als Kulissen wurden fünf historische Ansichten von Linz verwendet, die im Nachhinein in einem vor Ort eingerichteten Studio retuschiert wurden. Diese Fotografien stellen mit der zeitgenössischen Kleidung der Porträtierten eine visuelle Verbindung zwischen Gegenwart und Vergangenheit her. Ein Konvolut dieser Porträtserien befindet sich heute in der Städtischen Sammlung. Gregor Graf und Clemens Bauder werden am Frühjahrsmarkt 2017 diese Bude in adaptierter Form mit einem neuen, speziell für diesen Anlass geschaffenen Projekt für das NORDICO Stadtmuseum bespielen.[25]

S. 136

RIESENRAD

Während dem Kulturhauptstadt-Jahr 2009 wurde das Riesenrad der Schausteller-Familie Rieger zum Linzer Wahrzeichen: Für die Schau „Höhenrausch" auf dem Parkdeck des Passage-Kaufhauses bekam das 26 Meter hohe Riesenrad einen neuen Farbanstrich: Rot für das Gerüst und Grün für die Gondeln. Der Künstler Maider López verwandelte das Riesenrad für

Gregor Graf/Rebel Club, **Preiskegeln am Urfahraner Markt**, 2004, Fotografie, NORDICO Stadtmuseum Linz/D 240/3.
Jens Sundheim, aus der Serie **„Reflecting City"**, 2009, Fotografie, 30 x 40 cm, NORDICO Stadtmuseum Linz/D 197/1.

25 Bina, Andrea: LINZ BLICK. Stadtbilder in der Kunst 1909–2009. Weitra 2009, S. 202–203.

die Ausstellungsdauer in eine benutzbare Skulptur. In dieser neuen Farbgestaltung ist das Riesenrad heute wieder Teil des Urfahraner Marktes. In Wien gilt das Riesenrad im Prater gleich nach dem Stephansdom als zweites Wahrzeichen. Gabor Steiner, der Betreiber des Vergnügungsparks „Venedig in Wien", ließ 1897 am Rand des Kaisergartens das knapp 65 Meter hohe Riesenrad von der Londoner Firma Basset errichten. Zu dieser Zeit existierten bereits Riesenräder in Chicago und London.

SCHAUMROLLEN

Schaumrollen sind ein rollenförmiges Gebäck aus Blätterteig, das in seinem Inneren eine süße Creme enthält. Einige Süßwarenstände am Freigelände des Marktes bieten als Verkaufsschlager Schaumwaren und Kokosbusserl an. Der Großhersteller ist die Firma Guschlbauer, die mit diesem Produkt die Hälfte ihres Umsatzes erzielt. Auch das Familienunternehmen von Sonja Ruhtenberg ist seit 1981 auf Süßwaren spezialisiert. Bereits ihr Urgroßvater fuhr schon auf den Markt und die künftige Nachfolge durch Tochter Vanessa und Sohn Raphael ist bereits gesichert. Ruhtenbergs bieten in ihrem „Schatzis Zuckerstandl" am Freigelände eine bewusst kleine, aber feine Produktpalette an: Schaumrollen, Schaumbecher, Kokosbusserl, Türkischen Honig, Punschkrapferl, Zuckerwatte und Lebkuchenherzen. Die Devise lautet, beste Ingredienzien aus lokaler Produktion in Handarbeit umzusetzen, denn die Schaumrollen werden täglich vor Ort frisch zubereitet. Am 1. Mai verkauft man sogar an die 1 000 Stück. Sonja Ruhtenberg ist eigentlich Sängerin und der Urfahraner Markt bedeutet etwas ganz Besonderes für sie: Es ist der einzige Jahrmarkt, auf den sie fährt und ihre Kinder nehmen sich dafür extra Urlaub vom Berufsleben.[26]

STRIPTEASE

Am Ende des gleichnamigen Stückes von Helmut Qualtinger steht das Mädchen fast nackt auf der Bühne und der Herr im Publikum zieht das betrübte Resümee: „In Attnang-Puchheim ziehen sie das auch noch aus." Wie es sich in Linz verhielt, ist im Detail wohl kaum noch zu klären. Gesichert ist, dass es im Jahr 1978 eine Bude gab, in der man solche Darbietungen zu Gesicht bekam. *GT*

Norbert Artner, **Sonja Ruhtenberg am Urfahraner Markt**, 2016, Fotografie.

26 Interview und Filmporträt mit Sonja Ruhtenberg: 18.10.2016 in Linz, Andrea Bina und Claudia Dworschak.

TANTE ELSA

„Warum soll ich zu Hause sitzen? Ich bin lieber unter Menschen."[27] Generationen von Besuchern des Urfahraner Marktes kennen die legendäre „Tante Elsa". Die 1925 Geborene ist nach wie vor im Kassenhäuschen des Spielzeugautomaten „Greifer" anzutreffen. Elsa, Tochter der Schausteller-Familie Bachmaier in Wels, heiratete 1946 Wilhelm Schlader aus der Linzer Schausteller-Familie Schlader. Bereits ab 1947 waren die beiden mit ihrer Schießbude am Urfahraner Markt vertreten. 1957 kauften sie ein Grundstück in Wels, bauten dort ein Haus, später kam eine Halle dazu. Bis zum Tod ihres Mannes im Jahr 1999 führten sie den Betrieb gemeinsam. Auch ihr 2012 verstorbener Sohn Walter war als Schausteller tätig. Für die Kontinuität sorgen heute ihre beiden Enkelkinder Walter und Claudia samt Schwiegertochter Anni. Gemeinsam betreiben sie Schießbuden (auch eine Ballonbude) und den Greifautomaten mit den bunten Plüschtieren. 2015 wurde „Tante Elsa" sie vom Linzer Bürgermeister Klaus Luger mit einer Urkunde für ihre 65-jährige Schausteller-Tätigkeit und jahrzehntelange Verbundenheit zum Urfahraner Markt ausgezeichnet.[28]

TEUFELSRAD

1971 übernahm Arthur Raab nach dem Tod seines Vaters Erich Raab den elterlichen Schausteller-Betrieb. Neben einem Kinderkarussell, einem Likörstand und dem Tischkegelspiel befand sich auch ein Teufelsrad im Repertoire. Das Teufelsrad, eine mit glattem Parkettfußboden bedeckte drehbare Fläche, erfreute sich seinerzeit großer Beliebtheit, ist aber heute nur noch selten auf einem Jahrmarkt zu finden.[29]

TIERSCHAU PRECHTL ODER PRECHTLS ROLLENDER ZOO

Die legendäre Circus Menagerie Prechtl war in den Jahren zwischen 1909 und 1965 kontinuierlich an vielen Urfahraner Jahrmärkten vertreten. Der Name Prechtl steht für die Geschichte einer alteingesessenen aus Kärnten stammenden Schausteller-Familie, die die einzige fahrende Tier-Menagerie Österreichs betrieb. Der 1864 geborene Hermann Prechtl verdiente sich sein Geld beim Zirkus und legte damit den Grundstein

„Tante Elsa" Schlader, 1980er-Jahre, Fotografie, Archiv Elsa Schlader.
Monego, Am Teufelsrad der Schausteller-Familie Raab, 1930er-Jahre, Fotografie, Archiv Arthur Raab.

27 nachrichten.at/oberoesterreich/Seit-65-Jahren-auf-dem-Urfahranermarkt;art4,1779710
28 Interview mit Elsa Schlader und Anni Schlader: 11.11.2016 in Wels, Veronika Barnaš und Andrea Bina.
29 Interview mit Arthur Raab: 20.10.2016 in Linz, Veronika Barnaš und Andrea Bina.

Kaleidoskop der Lustbarkeiten. 155

für seine Nachkommen. Er wurde Schausteller und schaffte sich ein Wanderkino an.[30] Die Familie führte damals zudem eine Tierschau und einen Bären-Zoo. Die Enkelsöhne Hermann und Wilhelm Prechtl gründeten Anfang der 1950er-Jahre das Hippodrom – ein Zelt, in dem die Kinder auf Ponys reiten konnten, während die Eltern ihnen bei einem Kaffee und Live-Musik zusehen konnten. Mit dabei waren 200 bis 300 Tiere. Das Tierschauverzeichnis ist beeindruckend: Löwe „Sultan" aus dem Film „Quo Vadis", Elefant „Aida", Bären, Dachse, schwarze Waschbären, gefleckte Hyänen, Frettchen, Wild- und Stachelschweine, Sumpfbiber, Affen, Pferde, Esel, Ponys, Steinadler, Geier, Habichte, Bussarde, Alligatoren, Papageien, Riesenschlangen, Pfaue, Emus, Störche etc.[31] 1957 erwarb Hermann Prechtl sein erstes Autodrom. Fortan tingelten die beiden Brüder mit dem Hippodrom und dem Autodrom getrennt auf den Jahrmärkten. Seit 2015 ist die Ära der Schausteller Prechtl zu Ende.[32]

TOBOGGAN

„Einmal Schausteller, immer Schausteller!" Schon die Urgroßeltern von Eveline Grims waren unterwegs, um die Menschen auf Volksfesten zu unterhalten. In den 1950er-Jahren besaß die Schausteller-Familie von Franz Schorn ein Toboggan, das auch am Urfahraner Markt eingesetzt wurde.[33] Bei dieser Riesenrutsche wird der Gast mittels eines schnell laufenden Förderbandes zur Turmmitte transportiert, wobei viel Geschicklichkeit erforderlich ist, um auf den Beinen zu bleiben. Zu Fuß erklimmt man die Treppen zur Turmspitze, um von dort mit einem Sack als Unterlage auf der Holzrutsche wieder nach unten zu kommen. Diese Rutsche ist heute bereits ein Klassiker, den es nur noch im Wiener Prater gibt. Der „Rumpfmensch" Nikolai Wassiljew Kobelkoff lernte den Toboggan bei seiner Tournee in Paris kennen, er baute ihn im Prater nach, als er sich 1898 in Wien niederließ.

S. 25

Prechtls rollender Zoo am Urfahraner Markt, 1965, Fotografie, Sammlung Peter Christl.
Sepp Beyer, Urfahr-Linz a. D.-Volksfest, 1914, Ansichtskarte, Sammlung Thomas Hackl.

30 Das 1908 in Klagenfurt eröffnete Prechtl Kino existierte bis 1971.
31 Der „Quo-vadis" Löwe in Linz. Sensation auf dem heurigen „Urfahraner Markt": Tierschau Prechtl. Seltene Tiere aus aller Welt geben sich am Donauufer ein interessantes Stelldichein, Hyänen heulen durch die Nacht, Riesenschlangen neben dem Bett! Linzer Volksblatt. Nr. 100 vom 30. April 1954. S.3.
32 meinbezirk.at/murtal/wirtschaft/eine-maxlaun-aera-geht-zu-ende-d1506103.html
33 nachrichten.at/oberoesterreich/linz/Das-wachsame-Auge-auf-20-fliegende-Sessel-hat-schon-sehr-viel-gesehen;art66,1788270

S. 138

TODESKUGEL

Heinrich Straßmeier, der Urgroßvater des heutigen Eigentümers der Straßmeier'schen Betriebe in Schwertberg, baute 1934 eine Todeskugel. In der Kugel fuhren zwei Motorradfahrer gleichzeitig: Ein Fahrer fuhr senkrecht, der andere waagrecht. Straßmeier erlernte nicht nur selbst das Fahren in der Kugel, sondern war auch Mentor von Theresia Sonnberger, seiner späteren Schwägerin. Sie trat als die „Erste Todesfahrerin" Europas in Erscheinung. Plakate kündigten dieses Ereignis wie folgt an: „Der Welt größte Sensation! Die Todesfahrt im Höllenglobus!" Unter dem Künstlernamen Heinz und Gitta Gordon traten sie bis 1938 auf.[34] Die Familie Sonnberger betrieb die Todeskugel auch am Urfahraner Markt.[35]

Eine weitere legendäre Todeskugel wurde 1947 bis 1948 von Erich Raab und Arthur Raab am Urfahraner Markt betrieben. Das Gitter für das Fahrgeschäft wurde in Ebelsberg, wo die Familie ein Gasthaus führte, gebaut. Die beiden Betreiber trennten ihre beruflichen Wege und das Fahrgeschäft „Todeskugel" wurde verkauft.

LEOPOLD WANDL (1923–2009)

Oberösterreichischer Mundartdichter. Liebevoller Beiname: Der Homer aus Mauthausen. Ehrenmitglied des Stelzhamerbundes, Konsulent für Volksbildung und Heimatpflege. Über lange Jahre Kolumnist einer großen Tageszeitung. Veröffentlichte unter dem Titel „A weng g'schmalzn" populäre Vierzeiler (Gstanzln), in denen er oftmals den Urfahraner Markt besang:
„Daß sih a jeder richtn kann: Da Urfahranermarkt fangt an!
Familienfreundlich und beliebt is er,
weils freien Eintritt gibt und was ma alle brauchn heit:
Er wird regiert von Fröhlichkeit."

„Ich fang ma koane Sorgn an, denn ich fahr mit da Straßbahn,
und trink ich a paar Halbe Bier, hat d' Polizei koa Glück bei mir.
Beim Urfahr-Markt steht jedesmal mei Auto unberührt im Stall."[36] *GT*

Fahrt in der Todeskugel, 1930er-Jahre, Fotografie, Sammlung Gerhard Eberstaller.

34 Eberstaller, Gerhard: Schön ist so ein Ringelspiel. Schausteller, Jahrmärkte und Volksfeste in Österreich. Geschichte und Gegenwart. Wien 2004, S. 126. Telefongespräch mit Heinrich Straßmeier sen.: November 2016, Arabelle Bernecker: Theresia Sonnberger wurde „privat", das heißt, sie arbeitete nicht mehr als Schaustellerin, sie heiratete einen Bahnhofsvorstand.
35 Interview mit Heinrich Straßmeier: 28.10.2016 in Schwertberg, Veronika Barnaš und Andrea Bina. Er ist im Besitz des erwähnten Plakates. Viele namhafte Schausteller-Familien, so auch die Familie Straßmeier, gehen auf die Familie Sonnberger zurück.
36 Der Urfahraner Markt in der Karikatur. In: Kuttenberg, S. 145.

Kaleidoskop der Lustbarkeiten.

ZAHLEN, FAKTEN UND PREISE

Luftballon: 1986: ÖS 40,-
Geisterbahn: 1985: ÖS 15,- / 2016: € 2,-
Autodrom: 1985: ÖS 10,- / 2016: € 3,-
Riesenrad: 1993: ÖS 100,- (2 Erwachsene, 2 Kinder)
Kindergeschäft (Ringelspiel, Schaukel, etc): 1993: ÖS 15,-
Kindergeschäft (Water Bubbles): 2016: € 5,-

BIERKONSUM

Der Bierkonsum erfreut sich beim Jahrmarkt allergrößter Beliebtheit und der Umsatz kann sich in Zahlen sehen lassen: 70 000 Biere im Jahr 1967, (die Kosten für eine Halbe betrugen zu dieser Zeit ÖS 9,50 (1972), ÖS 14,- (1974), ÖS 21,- (1981)), 122 000 Biere im Jahr 1979 und 160 000 Biere im Jahr 1982, die Kosten stiegen kontinuierlich weiter von ÖS 31,- (1991) auf ÖS 40,- (2001) und erreichten bei einem Stand von 110 000 Halben Bier einen aktuellen Preis von € 5,20 für die Halbe und € 9,90 für eine Maß.

BRATWÜRSTEL

Der Verzehr von Schweinsbratwürsteln mit Sauerkraut und Gebäck, naturgemäß vom Holzkohlengrill, hat Tradition und erfreut sich höchster Beliebtheit: Bei jedem Markt werden etwa 40 000 bis 44 000 Portionen verzehrt. Die Kosten für diese Speise steigerten sich von ÖS 15,- (1974) auf ÖS 30,- (1994). Heute zahlt man € 5,90 (2016) dafür.

GRILLHENDL

Bis 1958 war am Urfahraner Markt der Verzehr von Gulasch, Schnitzel und Bratwürsteln üblich. Das änderte sich abrupt durch Friedrich Jahn, einen Verwandten der langjährigen Festwirt-Familie Hofstetter. Jahn stieg mit dem Slogan „Heute bleibt die Küche kalt, wir gehen in den Wienerwald" und Millionen gegrillten Hendln in seinen gemütlich-rustikalen Restaurants im Lauf der 1960er-Jahre zum größten Gastronomen Europas auf. Nach Jahns ersten „Grillhendl"-Erfolgen in München entschloss sich die Familie Hofstetter zur

Wilhelm Entlicher, „Kost' eh nur 10 Schilling!", Urfahraner Markt, 1970er-Jahre, Fotografie, NORDICO Stadtmuseum Linz/NA-059604.
Wilhelm Entlicher, **Urfahraner Markt**, 1970er-Jahre, Fotografie, NORDICO Stadtmuseum Linz/NA-059601.
Volker Weibold, **Urfahraner Markt**, 2006, Fotografie, Oberösterreichische Nachrichten.

Übernahme eines ersten Bratofens: Der Appetit auf eine Portion Grillhendl mit einer Beilage wie Pommes Frites ist bis heute ungebrochen. Die Zahlen zeigen den Grad der Beliebtheit an: Durchschnittlich 8 000 bis 11 000 Hendln werden pro Markt gegessen und der Konsumationspreis dafür stieg von ÖS 56,- (1985) auf € 8,90 (2016).

ZUCKERWATTE

S. 5

In einer Zuckerwatte-Maschine wird für eine Portion ein knapper Teelöffel Haushaltszucker verwendet, bei 150 °C erhitzt, verflüssigt und mittels Zentrifugalkraft gesponnen: Im Spinnkopf der Maschine wird der Zucker nun bei 150 °C karamellisiert, zugleich wird die Maschine in eine hohe Drehbewegung versetzt. Der flüssige Zucker wird weggeschleudert, er erstarrt zu Fäden und wird in einer runden Wanne mit einem Holzstab als Zuckerwatte aufgewickelt. Die dabei entstehenden Fäden sind nicht kristallin wie die Ausgangssubstanz, sondern amorph, eben weich wie Watte. Dieser Konsistenz verdankt die Zuckerwatte auch ihren Namen. Die Urheberschaft der Zuckerwatte, die heute auch in Kübeln mit nach Hause genommen werden kann (!), ist nicht restlos geklärt. Laut „Dictionary of American Food and Drink" hat Thomas Patton um 1900 ein Rezept für die Herstellung seines „Cotton Candy" entwickelt. William Morrison und John Wharton dagegen gelten als die Erfinder der ersten elektrischen Zuckerwatte-Maschine, die sie 1904 auf der Weltausstellung von St. Louis im amerikanischen Bundesstaat Missouri vorstellten. Bis dahin musste Zuckerwatte mit der Hand angerührt werden. Inzwischen gibt es auch die Zuckerwatte-Maschine für den Heimgebrauch sowie verschiedene Farben und Aromen und sogar zuckerfreie Zuckerwatte.[37]

Norbert Artner, **Urfahraner Markt**, 2016, Fotografie.

37 nzz.ch/zuckerwatte-spinnfadenfeine-zuckerwolke-1.7928135

Literaturverzeichnis

BÜCHER:

Bina, Andrea: LINZ BLICK. Stadtbilder in der Kunst 1909–2009. Weitra 2009.

Beschek, Helmut (Hrsg.): Linz und Urfahr in alten Ansichten. Band 5. 2006.

Blöchl, Arnold: Die Linzer Buam. In: Vierteltakt. Das Kommunikationsmittel des OÖ Volksliederwerks, Nr. 2, Juni 2004.

Canetti, Elias: Masse und Macht. Frankfurt/Main.

Eberstaller, Gerhard: Schön ist so ein Ringelspiel. Schausteller, Jahrmärkte und Volksfeste in Österreich. Geschichte und Gegenwart. Wien 2004.

Fenzl, Kristian/Minkenhofer, Norbert/Hausjell, Siegfried/Holzbauer, Albert/Fickert, Ernst: Projektstudie. Urfahraner Markt. Ist-Soll-Zustandsanalyse. Linz 1994.

Fleischer, Wolfgang: Das verleugnete Leben. Die Biographie des Heimito von Doderer. Wien 1996.

Frenzel, Hans: Der Urfahrer Markt. In: Historisches Jahrbuch der Stadt Linz. Linz 1937.

Hitler, Adolf: Mein Kampf. München 1933.

Huysmans, Joris-Karl: Tief unten. Zürich 1987.

Kain, Franz: Die Donau fließt vorbei. Eine Erzählung. Weitra 1993.

Kubizek, August: Adolf Hitler mein Jugendfreund. Graz 1953.

Kuttenberg, Arthur (Hrsg.): Der Urfahraner Markt. Tradition und Gegenwart. Linz 1987.

Meixner, E. M.: Die wirtschaftliche Bedeutung der Urfahrer Jahrmärkte. In: Festschrift 150 Jahre Urfahrer Jahrmarkt. Linz 1967.

Petermayr, K.: Schauerlich ertönt die Kunde. Moritaten aus Oö. Quellen. Oö. Volksliedwerk/Oö. Volksliedarchiv. Volksliederband 28.

Rausch, Wilhelm: Urfahr und seine beiden Jahrmärkte. Zur 140. Wiederkehr der Verleihung des Jahrmarktsprivilegs. In: Festschrift 140 Jahre Urfahrer Jahrmarkt. Linz 1957.

Regener, Sven: Herr Lehmann. München 2003.

Schmiedinger, Walter: Angst vor dem Glück. Berlin 2003.

Straßmeier, Karlheinz: 40 Jahre Landesverband der Schausteller Oberösterreichs. Eine Festschrift, 1986.

Straßmeier, Martina Valerie: Schausteller Einst und Jetzt. Eine empirische Studie über den familiären und beruflichen Wandel unter besonderer Berücksichtigung der reisenden Berufsgruppe im Raum Oberösterreich. Diplomarbeit/JKU. Linz 1994.

Thaller, Robert: Die Linzer Buam. Heitere und ernste Erlebnisse des bekannten Blas- und Schauorchesters, das die halbe Welt bereiste. Linz 1979.

Verwaltungsbericht der Landeshauptstadt Linz. 1955–1960, Teil 1. Hrsg. vom Magistrat der Landeshauptstadt Linz. Linz 1962.

Wagner, Richard: Lohengrin, Erster Aufzug, Dritte Szene.

Ziegler, Anton: Rückblick auf die Geschichte der Stadt Urfahr a. D. Linz 1920.

LITERATURVERZEICHNIS ZEITUNGEN UND ZEITSCHRIFTEN:

Aussermann, Wilhelm: Dult in Linz. In: Linzer Volksblatt, Nr. 229 vom 3. Oktober 1930.

AZ-Nachrichten, Nürnberg, 3. September 1969.

Dennoch Urfahrer Markt!. In: Linzer Tagespost, Nr. 67 vom 22. März 1939.

Eröffnung des Urfahrer Jahrmarktes. In: Linzer Volksblatt, Nr. 99A vom 29. April 1938.

Famler, Erik: Schaustellerin Margit Rieger: „Bin mit Herz und Seele mitten im Geschehen". In: OÖN, 31. August 2012.

Hammer, Josef: Hereinspaziert!! Der Jahrmarkt in Urfahr: Bilder und Betrachtungen. In: Linzer Tagespost, Nr. 225 vom 7. Oktober 1923.

Jubiläumstage auf der Dultwiese. Die Urfahrer Jahrmärkte seit Franz I. In: Linzer Tagespost, Nr. 198 vom 28. August 1937.

Linzer Volksblatt. Nr. 100 vom 30. April 1954.

Magazin „Urfahranermarkt", 1. bis 9. Oktober 2016.

Mühlviertler Kulturzeitschrift der Mühlviertler Künstlergilde, 3/90, 30. Jg.

OÖ Nachrichten, Nr. 93, Archiv der Jahrmarktkönigin vom Frühjahr 1972: Johanna Machacek.

Programme und Ausstellungsverzeichnisse von 1968 bis 2016, Archiv der Abteilung Wirtschaft und Finanz/ Magistrat Linz.

Thallers „Linzer Buam" spielen in Nürnberg. In: OÖN, 10. Oktober 1958.

Unterlage zur Pressekonferenz von Marktreferentin Susanne Wegscheider über den Urfahraner Herbstmarkt 2016 am 26. September 2016 im Neuen Rathaus.

Urfahrs Dultfreuden. In: Linzer Tagespost, Beilage „Welt und Heimat", Nr. 15. vom 14. April 1934.

Literaturverzeichnis   161

INTERVIEWS:

Mit Patrick Stützner am 2. Oktober 2016 in Linz-Urfahr. Veronika Barnaš, Andrea Bina, Claudia Dworschak und Georg Thiel (Interview und Filmporträt).

Mit Hans-Lothar Hofstetter am 3. Oktober 2016 in Linz, Veronika Barnaš und Andrea Bina.

Mit Sonja Ruhtenberg am 5. Oktober 2016 in Linz-Urfahr. Andrea Bina und Claudia Dworschak.

Mit Rudolf sen. und Rudolf jun. Schlader am 7. Oktober 2016 in Linz-Urfahr. Veronika Barnaš und Claudia Dworschak (Interview und Filmporträt).

Mit Susanne Niederndorfer am 12. Oktober 2016 in Linz-Urfahr. Andrea Bina und Claudia Dworschak (Interview und Filmporträt).

Mit Sonja Ruhtenberg am 18. Oktober 2016 in Linz. Andrea Bina und Claudia Dworschak (Interview und Filmporträt).

Mit Arthur Raab am 20. Oktober 2016 in Linz. Veronika Barnaš, Arabelle Bernecker, Andrea Bina.

Mit Erich und Elfriede sowie Ronald Avi am 27. Oktober 2016 in Wels. Veronika Barnaš, Arabelle Bernecker, Andrea Bina.

Mit Stefan Schumann am 28. Oktober 2016 in Wien. Arabelle Bernecker.

Mit Heinrich Straßmeier am 28. Oktober 2016 in Schwertberg. Veronika Barnaš und Andrea Bina.

Mit Marktreferentin Susanne Wegscheider am 8. November 2016 in Linz-Urfahr. Arabelle Bernecker und Andrea Bina.

Mit Elsa und Anni Schlader am 11. November 2016 in Wels. Veronika Barnaš und Andrea Bina.

QUELLEN AUS DEM INTERNET:

schaustellerverband-ooe.com/geschichte.htm

urfahranermarkt.at

stuetznergmbh.at

ooe-volkskultur.at/home/forum/die-verbaende/ooe-prangerschuetzenverband

brauchtumskalender.ooe-volkskultur.at/brauch-93-liebstattsonntag

meinbezirk.at/murtal/wirtschaft/eine-maxlaun-aera-geht-zu-ende-d1506103.html

nachrichten.at/oberoesterreich/Bitten-und-beten-am-Linzer-Biertisch-Altar;art4,270108

nachrichten.at/oberoesterreich/linz/Das-wachsame-Auge-auf-20-fliegende-Sessel-hat-schon-sehr-viel-gesehen;art66,1788270

nachrichten.at/oberoesterreich/wels/Schaustellerin-Margit-Rieger-bdquo-Bin-mit-Herz-und-Seele-mitten-im-Geschehen-ldquo;art67,957132

nzz.ch/zuckerwatte-spinnfadenfeine-zuckerwolke-1.7928135

Abbildungsnachweis

Fotografien (sofern bei den Bildern nicht anders angegeben)

Norbert Artner: Cover-Sujet.
Beschek, Helmut (Hrsg.): Linz und Urfahr in alten Ansichten. Band 5. 2006. © Verlag Köhler: 30, 31, 90.
Circus- & Clown Museum Wien / Robert Kaldy-Karo, Mag. Michael Swatosch: 89, 90, 92 (rechts oben).
Stadtarchiv Linz: 32, 48.
Sammlung Gerhard Eberstaller: 138 (links unten), 139 (oben).

Reproduktionen
Thomas Hackl: 17, 18, 19, 20, 21, 22, 23, 24, 25, 26, 27, 28, 29, 33, 34 (oben), 35, 36, 37, 38, 39, 40, 41, 42, 43, 44, 45, 46, 47, 48, 49, 50, 51, 52, 53, 72, 73, 74, 75, 76, 77 (rechts unten), 79, 83, 91, 92 (links, rechts unten), 93, 109, 110, 111, 112, 113, 114, 115, 116, 128, 129, 130, 131, 132, 133, 134, 136 (links und rechts oben), 137, 138 (oben), 139 (links und rechts unten), 142, 143 (oben und Mitte), 144 (oben), 146, 147, 149, 150 (oben), 151 (unten), 152 (unten), 154, 155, 157 (oben).
Reinhard Haider: 150.

Impressum

Bibliografische Information der Deutschen Nationalbibliothek

Die Deutsche Nationalbibliothek verzeichnet diese Publikation in der Deutschen Nationalbibliografie;

detaillierte bibliografische Daten sind im Internet über http://dnb.d-nb.de abrufbar.

URFAHRANER MARKT. 200 Jahre Linzer Lustbarkeiten
Ausstellungsdauer: 3.2.–21.5.2017
NORDICO Stadtmuseum Linz, Publikation Nr. 112

Herausgegeben von: NORDICO Stadtmuseum Linz/Andrea Bina, Georg Thiel
Dametzstraße 23, A-4020 Linz, Tel.+ 43 (0) 732 7070 1901
nordico@nordico.at, nordico.at

Leitung NORDICO Stadtmuseum Linz: Andrea Bina
Kuratoren: Andrea Bina, Georg Thiel
Redaktion und kuratorische Assistenz: Veronika Barnaš
Autoren: Maria Altrichter, Arabelle Bernecker, Andrea Bina, Elisabeth Nowak-Thaller, Georg Thiel
Lektorat: Anja Zachhuber
Verlagskontakt: Veronika Sevcik
Grafische Gestaltung: Nobert Artner
Ausstellungsarchitektur: ANY:TIME
Dank dem Team der Museen der Stadt Linz

Aus Gründen der leichteren Lesbarkeit wird auf eine geschlechtsspezifische Differenzierung verzichtet.
Entsprechende Begriffe gelten im Sinne der Gleichbehandlung für beide Geschlechter.
Sämtliche Quellen wurden sorgfältig recherchiert. Sollte uns ein Nachweis entgangen sein,
bitten wir Sie, mit dem NORDICO Stadtmuseum Linz Kontakt aufzunehmen.

Druck: Grasl Druck & Neue Medien GmbH, Bad Vöslau
Auflage: 1 300 Stück

Verlag Anton Pustet
Bergstraße 12 | 5020 Salzburg | Österreich
Tel. +43 (0)662 873507-0 | Fax +43 (0)662 873507-79 | buch@spv-verlage.at | pustet.at

ISBN: 978-3-7025-0859-3
© 2017 **NORDICO** Stadtmuseum Linz, Autoren, Künstler, Fotografen
Sämtliche Rechte vorbehalten.